KB267947

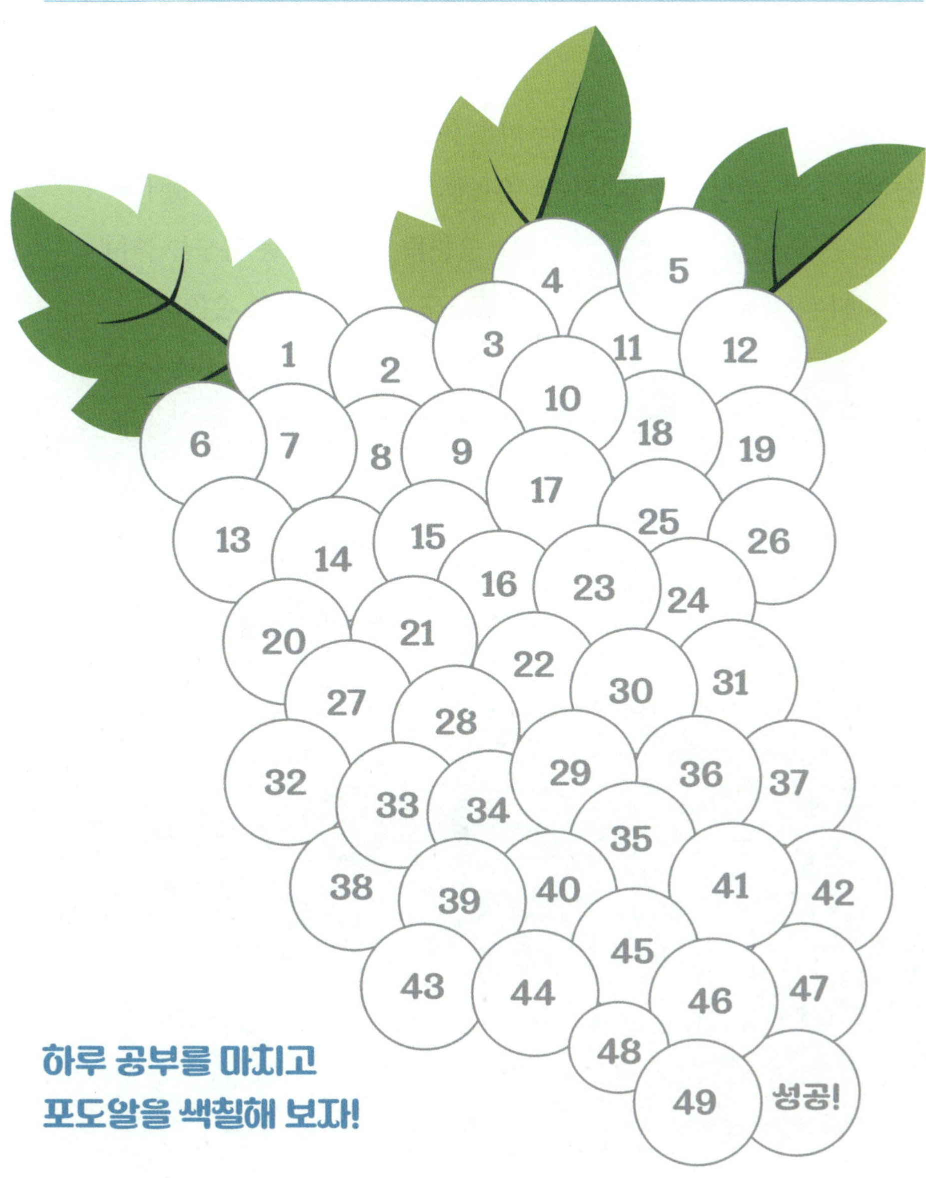

하루 공부를 마치고
포도알을 색칠해 보자!

1일 1주제 9분 만에 끝내는
119 도덕과 윤리

초판 1쇄 발행 2025년 12월 30일

지은이 김하원

펴낸이 윤주용
편집 도은주, 류정화 | 마케팅 조명구 | 홍보 박미나
외주편집 장기영, 박미선

펴낸곳 초록비책공방
출판등록 2013년 4월 25일 제2013-000130
주소 서울시 마포구 동교로27길 53 308호
전화 0505-566-5522 | 팩스 02-6008-1777

메일 greenrainbooks@naver.com
인스타 @greenrainbooks @greenrain_1318
블로그 http://blog.naver.com/greenrainbooks

ISBN 979-11-24126-14-1 (44080)
       979-11-24126-02-8 (세트)

어려운 것은 쉽게 쉬운 것은 깊게 깊은 것은 유쾌하게

초록비책공방은 여러분의 소중한 의견을 기다리고 있습니다.
원고 투고, 오탈자 제보, 제휴 제안은 greenrainbooks@naver.com으로 보내주세요.

1일 1주제 9분 만에
50일 완성
초록비책공방
끝내는
도덕과 윤리
119
김하원 지음 
초록비책공방

119 시리즈 만점 활용법

119 시리즈는 하루 9분, 하나의 주제로 공부 습관을 만드는 책이야. 교실에서 아이들과 함께해 온 현장 선생님들이 직접 쓴 책이라서 너희가 꼭 알아야 할 개념과 생각하는 방법을 쉽고 정확하게 알려 줄 거야. 이 책을 더 잘 활용할 수 있는 방법을 소개할게.

1. 하루 한 꼭지, 9분만 집중해 볼까?

119 시리즈는 '읽기 → 생각하기 → 정리하기' 순서로 이어져 있어. 먼저 질문으로 호기심을 열어주고 이어지는 짧은 이야기와 설명을 통해 자연스럽게 개념을 익힐 수 있지. 하루 2~4페이지 분량이라 부담 없고 꾸준히 하기에 딱 좋아.

2. 교과와 연계된 학습 키워드로 중심 잡기

각 꼭지는 학교에서 배우는 교과 단원과 연결되어 있고, 교과 개념과 연결된 학습 키워드를 중심으로 내용이 이루어져 있어. '왜 이걸 배우는지', '교과에서 어디와 연결되는지'를 자연스럽게 이해할 수 있지. 학교 수업과 함께 보면 훨씬 더 깊게 이해되고 복습 효과도 좋아.

3. 배운 내용을 '나만의 말'로 정리해 보기

이 책은 단순히 외우는 공부보다 생각 흐름을 따라 개념을 이해하도록 되어 있어. 본문 중간에 나오는 질문에 스스로 답해 보면 "아, 나는 이렇게 이해했구나!" 하고 정리가 돼. 이런 과정은 바로 논술형 평가에서 필요한 사고력으로 이어져.

4. <실력 쑥쑥 119>로 바로 복습하기

각 꼭지 바로 뒤에는 <실력 쑥쑥 119> 문제가 있어. 오늘 배운 내용을 잘 이해했는지 스스로 확인할 수 있고 중요한 개념만 다시 한 번 떠올릴 수 있어서 공부 효과가 훨씬 커져.

5. <더 알아보기 119>로 배움을 확장하기

선생님이 직접 고른 책·영상·사이트가 매 꼭지마다 소개되어 있어. 궁금한 내용을 조금 더 깊게 알고 싶거나 호기심이 생긴 부분이 있다면 여기 있는 자료들을 통해 탐구를 이어가 봐. 스스로 공부를 확장하는 힘을 자연스럽게 기를 수 있어.

6. <진로 119> 코너로 배움과 미래를 연결해 보기

각 챕터 끝에는 <진로 119> 코너가 있어. 오늘 배운 내용이 어떤 직업과 연결되는지 알려 주고 내가 좋아할 만한 분야가 무엇인지 생각해 볼 수 있어. 공부와 진로를 따로 떼어 놓지 않고 자연스럽게 이어주는 구성이야.

7. 매일 9분, 꾸준함이 진짜 실력이야

하루 9분은 짧아 보이지만 매일 쌓이면 사고력·문해력·기초 개념·교과 이해도가 놀랍게 자라게 돼. 119 시리즈와 함께 익숙한 교과 내용을 새로운 이야기와 질문으로 만나다 보면 자기만의 공부 루틴이 단단하게 자리 잡을 거야.

살다 보면 문득 이런 생각이 들 때가 있을 거야. '나는 무엇을 위해 살까?', '사랑이란 무엇일까?' 겉보기에는 너무 추상적이고 대답하기 어려운 질문처럼 보이지만, 교과서 속 물음과도 비슷한 이런 질문들이 종종 우리를 찾아오곤 하지. 이러한 고민으로 생각이 복잡해질 때, 너는 어떻게 답을 찾니?

친구와 대화를 나누기도 하고 선생님이나 부모님께 묻기도 할 거야. 어쩌면 인터넷을 검색하거나 책 속에서 답을 찾으려 뒤적일 수도 있겠지. 이 책은 그런 질문들을 가진 너희들에게 복잡하고 다양한 물음 속에서 길을 찾도록 돕는 안내서가 되었으면 하는 바람에서 시작됐어.

지금부터 상상해 보자. 운동장에서 친구들이 즐겁게 놀고 있는데 같은 반 친구 한 명이 혼자 벤치에 앉아 있어. 그 친구를 바라보는 너는 어떻게 행동할 것 같아? '같이 하자'라고 손을 건네줄 수 있을까? 아니면 용기가 부족한 너는 그냥 지나쳐 버릴까? 어느 날 쉬는 시간, 네가 실수로 친구의 공책에 물을 엎질렀다고 해 보자. 그런데 교실 안에는 너밖에 없었던 거지. 그렇다면 너는 친구에게 솔직히 말할 거야? 아니면 그냥 모른 척할 거야?

너는 이 두 가지 장면 속에서 어떤 답을 할 수 있을까? 어떻게 행동해야 할지 망설여질 수도 있고, 네 선택의 이유를 차분히 설명하기 어려울지도 몰라. 이 책은 그런 물음에 대한 너의 생각, 그리고 네 답변에 대한 이유를 논리적으로 쌓아 나가는 데 큰 도움이 될 거야. 특히 과거를 살았던 사상가들이 너의 물음에 귀 기울이고, 현재를 사는 네가 삶의 토대를 단단히 다질 수 있도록 주제에 맞는 다양한 이야기를 들려줄 거야.

이제부터 우리는 자신, 타인, 사랑, 우정, 자유, 정의, 공동체, 과학기술의 윤리적 책임 그리고 우리가 함께 살아가는 지구에 이르는 폭넓고 다양한 주제를 탐험할 거야. 이 책을 읽는 동안 단순히 책을 읽는 데서 그치지 않고 네 마음속 작은 목소리에 귀 기울였으면 좋겠어. 네 삶은 네가 매일 마주하는 작고 사소한 물음 속에서 만들어지니까, 이 책에 실린 삶과 세상에 대한 물음이 너만의 기준을 세우는 데 도움이 될 거라고 믿어.

너는 삶을 어떻게 가꾸고 싶니? 차분히 자기 마음을 들여다보고, 다른 사람의 마음을 헤아리며 함께 살아가는 세상을 조금이라도 더 좋은 곳으로 만들고 싶지 않니? 이런 삶이 이루어지려며 단순히 착한 행동 몇 번만으로는 충분하지 않아. 다른 생각을 가진 사람들과의 대화를 통해 삶에 대한 너만의 기준을 세우고 함께 살아가는 길을 향해 운동화 끈을 단단히 묶고 달려가다 보면, 어느 순간 네 삶은 네가 꿈꾸는 모습과 닮아 있을 거야.

살다 보면 삶은 종종 너에게 이렇게 속삭이겠지. '다른 길은 없을까?', '정말 그렇게 해야만 하는 걸까?' 너는 이 목소리에 응답하며 너만의 생각을 조금씩 다듬어 갈 거야. 그렇게 시간이 쌓이다 보면 네 생각은 점점 깊어지고 두터워질 거야. 이 과정에서 너는 초등학교 도덕에서 고등학교 윤리에 이르기까지, 지식의 긴 항해를 떠날 수도 있어. 넓게 펼쳐진 생각의 파도를 넘나드는 모습을 떠올려 보니 어때, 설레지 않니? 책을 통해 네가 차분히 마음을 다듬을 때, 네 생각은 한 뼘 더 자라고 네 지식은 한층 단단해질 거야.

세상을 바꾸는 힘은 특별한 영웅에게만 있는 게 아니야. 네가 세상에 손을 내밀 때, 사회는 조금 더 따뜻해지겠지. 그러니 두려워하지 말고, 주저 없이 네가 옳다고 믿는 길을 걸어가면 좋겠어. 우리 함께 가 볼까?

그런데 말이야. 그 기나긴 여정 속에는 맑게 갠 날도 있고 비가 쏟아지거나 구름이 짙게 드리운 날도 있을지 몰라. 그럴 때는 길가의 작은 나무 그늘 아래에서 잠시 숨을 고르며 걸어가면 돼. 나는 네 곁에서 발을 맞춰 줄게. 그 쉼이 지나면 조금 더 단단해진 네가 다시 길 위에 서 있을 거야.

이 책은 그런 길 위에서 네 등을 조용히 토닥여 주고, 때로는 네 앞을 환히 비춰 주기 위해 만들어졌어. 여기서 기른 생각의 힘과 마음의 깊이는 스스로 의미를 찾고 이해할 수 있는 힘으로 자라날 거야. 네 안에서 싹튼 작은 씨앗은 시간이 흐르며 단단한 뿌리로 자리 잡아 더 넓은 세상으로 뻗어가게 되겠지.

자, 이제 더 넓은 세상을 향해 생각의 모험을 떠날 준비가 되었니? 그 속에서 너는 수많은 질문과 마주할 거야. 때로는 정답이 없는 물음 앞에서 머뭇거릴 수도 있고 때로는 마음속에서 스스로 답을 찾아 내 환하게 웃을 수도 있지. 네가 만들어 갈 삶의 길이 오래도록 환히 빛나기를 바랄게. 너와 끝까지 함께할 거야.

차 례

나란 누구일까?

인간만이 가지는 특성에는 어떤 것들이 있을까?

우리는 인간과 동물을 구분할 수 있을까?

인간과 동물은 함께 살아가는 존재이지만, 인간과 동물을 같은 존재라고 보기는 어려워.
우리 '인간'만이 가지는 특성이 있기 때문이지.
그렇다면 인간만이 갖고 있는 조건에 대해 알아볼까?

학습 키워드 #인간 #인간의조건 #열려있는존재
교과 연계 중 〉 도덕1 〉 나는 어떤 사람이고 어떻게 살아야 할까?

인간이 동물과 구분되는 가장 중요한 특성

너희 집에서 귀여운 강아지를 키운다고 가정해 볼까? 강아지는 매일매일 밥을 먹고, 잠을 잘 거야. 강아지처럼 우리도 밥을 먹고 잠을 자겠지? 그렇다면 인간인 우리와 우리가 키우는 강아지는 같은 존재일까? 아마 그렇다고 대답하기 머뭇거려질 거야. 왜 그럴까? 아마도 강아지와 구별되는 인간만이 가지는 특성이 있기 때문이겠지. 동물들은 생존하기 위한 여러 가지 욕구를 갖고 있어. 가장 대표적인 두 가지 욕구는 밥을 먹고 싶은 '식욕'과 잠을 자고 싶은 '수면욕'이야. 우리 인간에게도 식욕과 수면욕이 있어. 하지만 우리는 동물과는 구분되는 다른 여러 특성을 지니고 있어서 '인간'이라고 할 수 있지.

인간이 동물과 구분되는 가장 중요한 특성은 바로 '열려 있는 존재'

라는 점이야. '열려 있다'라는 말의 뜻은 '문을 연다'의 그 '열다'가 아니라 우리가 스스로 삶의 방향을 선택하고 그 선택에 따라 행동할 수 있다는 걸 의미해. 우리가 열려 있는 존재가 될 수 있는 이유는 '이성'을 지니고 있기 때문이지. '이성'은 참과 거짓, 착함과 나쁨 등을 구별하거나 판단하는 능력을 뜻해. 쉽게 말해 우리 인간은 생각할 수 있는 능력이 있어.

이성을 가진 존재의 특성

우리는 이성을 지니고 있어서 강아지처럼 먹고 싶다고 아무 때나 마음대로 먹지 않고, 자고 싶다고 아무 때나 마음 내키는 대로 자지는 않아. 인간은 이런 기본 욕구를 조절할 수 있을 뿐만 아니라, 이성을 가진 존재가 가지는 여러 특성들을 보이고 있어.

첫 번째 특성, 인간은 '도구적 존재'야. 인간은 태어날 때부터 지닌 여러 불리한 조건을 극복하기 위해 다양한 도구를 만들어서 사용했어. 글씨를 쓰기 위해 연필이라는 도구를 개발한 것처럼 말이야. 도구적 존재라는 말은 '호모 파베르'라고도 부르지.

두 번째 특성, 인간은 '사회적 존재'야. 인간은 '사회'라는 공동체 속에서 다른 사람과 더불어 살아가는 존재라는 뜻이지. 우리 사회(공동체)에 옷 만드는 사람이나 농사 짓는 사람이 없다면 너희가 입고 있는 옷이나 먹고 있는 음식도 구하기 어려웠을 거야. 고대 그리스의 아리스토텔레스라는 철학자는 인간을 '정치적(도시국가 폴리스에 거주하는 폴리스적 동물) 동물'이라고 표현했어. 흔히 인간을 사회적 동물이라고 말

↑ 아리스토텔레스

하지만 정확하게는 '폴리스적 동물'이라고 표현할 수 있어. 이는 인간은 어쩔 수 없이 정치 '공동체'에 속하는 존재라는 뜻이야. 참고로 아리스토텔레스는 인간을 '이성적 존재'라고도 했어. 인간은 이성을 가졌다는 점에서 동물과 구분되니까 인간을 표현하는 가장 적절한 용어라고 할 수 있지.

세 번째 특성, 인간은 '윤리적 존재'야. '윤리'라는 말이 너무 어렵다면 '도덕'이라고 이해하면 좋을 듯해. 인간은 착함과 나쁨, 옳음과 그름 등을 구별할 수 있는 이성을 가진 존재이기 때문에 도덕적인 삶을 스스로 선택하고 그렇게 행동할 수 있어.

이 외에도 인간을 '인간'으로서 존재하게 하는 다양한 특성들이 있어. 호모 사피엔스(지혜로운 인간), 호모 아카데미쿠스(공부하는 인간), 호모 루덴스(놀이를 즐기는 인간), 호모 비블로스(기록하는 인간), 호모 부쿠스(독서하는 인간), 호모 아르텍스(예술을 하는 인간), 호모 쿨투랄리스(문화적인 인간), 호모 크레이투라(창의적인 인간), 호모 하빌리스(손재주가 있는 인간), 호모 로쿠엔스(언어적인 인간), 호모 렐리기우스(종교적인 인간), 마지막으로 호모 에티쿠스(윤리적인 인간) 등 모두가 인간을 인간답게 하는 다양한 특성들을 표현한 말이지. 이런 다양한 특성 중에 너희와 가장 가까운 특성은 어떤 거라고 생각하니? 그리고 이 특성 중에 가장 중요한 건 무엇일까?

1. 인간이 동물과 다른 이유로 가장 알맞은 것은 무엇일까?

① 힘이 세서 　② 이성을 가져서 　③ 날 수 있어서 　④ 많이 먹어서

2. 다음 중 인간의 특성으로 적절하지 않은 것을 고른다면?

① 도구적 존재 　② 본능적 존재 　③ 사회적 존재 　④ 이성적 존재
⑤ 윤리적 존재

3. 다음 글은 인간의 특성에 관련된 내용이야. 빈칸에 들어갈 내용으로 적절한 것은?

> 인간은 생각할 수 있는 능력인 이성을 지닌다. 인간은 이성을 바탕으로 자신의 삶의 방향성을 선택하고 만들어 나가는 ＿＿＿＿＿＿ 존재이다.

4. 만약 인간이 이성을 갖고 있지 않았다면 우리 사회는 어떤 모습이었을까?

더 알고 싶어 119

📑 도서　▷ 영상　🔍 사이트

📖 **『나를 만나는 스무살 철학』** (김보일, 예담, 2010)
　이 책은 마음이 흔들리고 고민이 많을 때, 스스로의 마음을 살피고 바른 길을 찾을 수 있도록 도와주는 책이야. 사람의 욕심과 감정을 다스리며 나답게 사는 방법을 알려 줘. 오늘 배운 '사람다운 사람' 주제와 연결 지어서 나는 어떤 마음을 가진 사람이 되고 싶은지 생각해 볼까?

▷ **영화 〈아름다운 세상을 위하여〉**
　이 영화는 '주위를 둘러보고 자신이 좋아하지 않는 것이 있으면 고쳐라'라는 한 선생님의 숙제에서 시작돼. 소년 트레버는 이 과제를 실천하며 주변 사람들에게 희망과 사랑을 전해 줘.

인간은 태어날 때부터 착했을까?

맹자의 '성선설'과 순자의 '성악설'

우리는 이성을 바탕으로 도덕적인 행동을 할 수 있는 존재야.
그렇다면 우리는 태어날 때부터 도덕적인 행동을 하고 싶어 했을까?

학습 키워드　#맹자 #성선설 #순자 #성악설 #고자 #성무선악설
교과 연계　중 〉도덕1 〉나는 어떤 사람이고 어떻게 살아야 할까?

　우리에게는 생각할 수 있는 능력인 '이성'이 있어. 이성을 지닌 인간은 옳고 그름을 판단하고 도덕적인 행동을 선택할 수 있는 '윤리적 존재'이지. 우리는 태어날 때부터 '윤리적 존재'였을까? 아니라면 선천적으로 어떤 특성을 지녔을까?

　지금부터 인간의 본성이 어떤지에 대한 여러 사람들의 주장을 이야기할 거야. 이 중에 너희 마음에 쏙 드는 게 있다면 어떤 건지 한번 선택해 보자.

맹자의 성선설

　맹자는 인간의 본성은 '선하다(착하다)'라는 '성선설'을 주장한 사상가야. 맹자는 사람들에게는 남을 차마 모질게 대하지 못하는 마음, 다

시 말해 '남에게 차마 어찌하지 못하는 마음'인 불인인지심不忍人之心이 있다고 했어. 어린아이가 우물로 들어가려는 걸 보면 누구나 깜짝 놀라서 그러지 못하게 막으려는 마음을 갖고 있다는 거지. 맹자는 "사람의 본성이 선한 것은 물이 아래로 흘러 내려가는 것과 같다. 낮은 것으로 흘러 내려가지 않는 물이 없듯이 본성이 선하지 않은 사람은 없다."라고 하면서 사람은 태어날 때부터 착할 수밖에 없다고 주장했어.

↑ 맹자

고자의 성무선악설

그런데 맹자의 주장에 반대하는 고자와 순자라는 사상가도 있었어.

고자는 인간의 본성은 선이나 악으로 결정되어 있지 않다고 주장했지. 이를 '성무선악설'이라고 해. 고자는 선이나 악은 인간의 삶 속에서 함께 머무는 선택과 환경 속에서 결정되는 것이라고 설명했지.

고자가 "사람의 본성은 흐르지 않는 여울물과 같아서 동쪽을 터 주면 동쪽으로 흐르고 서쪽을 터 주면 서쪽으로 흐른다. 사람의 본성은 선과 악으로 구분 지을 수 없음은 여울물에 동서의 구분이 없는 것과 같다."라고 했더니, 맹자가 이렇게 반박했대.

"물에 진실로 동서의 구분이 없지만 위아래의 구분도 없단 말인가. 사람의 본성이 날 때부터 착한 것은 물이 항상 아래로 흐르는 것과 같으니 사람이란 날 때부터 악한 사람이 없으며 물 또한 아래로 내려가지 않는 법이 없다. 지금 물을 손으로 쳐서 이마 높이까지 튀어 오르게 할 수도 있고 거꾸로 거스르게 하여 산 높은 곳에 있게 할 수도 있지만, 이것이 어찌 물의 본성이겠는가. 형세가 그렇게 만든 것일 뿐이니 사람이 악한 짓을 하게 되는 것 또한 이와 같다.”

참 치열한 논쟁이지?

순자의 성악설

↑ 순자

한편 순자는 사람의 본성은 원래 악하다는 ‘성악설’을 주장했어. 인간은 질투하고 미워하는 감정을 갖고 태어나기 때문에 그대로 내버려두면 악한 존재가 된다는 거지. 그래서 순자는 인간은 예禮를 실천하는 도덕적 행동을 해야 한다고 주장했지.

“사람의 본성은 악한 것이다. 사람의 본성은 태어나면서부터 이익을 좋아하고 욕망을 충족시키려고 한다.”

성선설, 성악설, 성무선악설 중에 너희 마음에 드는 건 어떤 거야? 너희는 어떤 생각을 갖고 있는지 궁금해.

1. 다음 중 인간은 본성적으로 선하다고 주장한 중국의 사상가를 고른다면?

　① 공자　　　　　② 맹자　　　　　③ 순자　　　　　④ 노자

2. 다음 글은 인간의 특성에 관련된 내용이야. 빈칸에 들어갈 내용으로 적절한 것은?

> 인간의 본성은 정해져 있지 않으며 선악은 인간의 본성이 아니라 인간의 선택과 환경에 의해 결정된다. 이를 고자의 ＿＿＿＿＿＿＿＿＿(이)라고 한다.

3. 다음 상황에서 너라면 어떻게 행동할지 쓰고 그 선택이 어떤 본성설과 가까운지 적어 봐.

> - 친구가 시험에서 답을 알려 달라고 했을 때
> - 길에서 잃어버린 지갑을 발견했을 때

더 알고 싶어 119

📑 도서　▷ 영상　🔍 사이트

📖 『14살에 처음 만나는 동양 철학자들』 (강성률, 북멘토, 2019)
이 책은 청소년이 어려워할 수 있는 동양 철학을 쉽고 재미있게 풀어 쓴 책이야. 공자, 맹자, 노자, 장자, 정약용 등 다양한 동양 철학자의 사상을 이야기처럼 읽을 수 있어. 철학자들의 삶을 따라가며 옛사람들의 지혜를 자연스럽게 배울 수 있게 될 거야.

📖 『아몬드』 (손원평, 다즐링, 2023)
감정을 느끼지 못하는 소년 윤재가 세상과 사람들을 만나며 조금씩 마음을 배워 가는 이야기야. 이 책은 감정의 소중함과 사람과 사람 사이의 따뜻한 관계를 다시금 돌아볼 수 있게 해.

사람다운 사람,
공자가 말하는 사람이란?

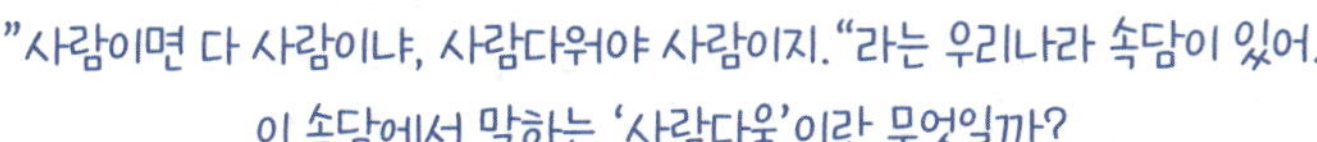

"사람이면 다 사람이냐, 사람다워야 사람이지."라는 우리나라 속담이 있어.
이 속담에서 말하는 '사람다움'이란 무엇일까?

학습 키워드 #사람다움 #공자 #인
교과 연계 중 〉 도덕1 〉 나는 어떤 사람이고 어떻게 살아야 할까?

사람다운 사람이란 어떤 사람일까?

"사람이면 다 사람이냐, 사람다워야 사람이지."라는 속담 들어 본 적 있니? 옳지 못한 행동을 하는 사람들을 보면 '인간답지 못하다', '인간성이 왜 저러냐', '짐승만도 못하다' 같은 말을 하곤 하잖아. 우리는 사람다운 사람이라면 어때야 하는지 각자 자신만의 기준을 지니고 자신이나 다른 사람들의 행동을 평가하는 것 같아.

그렇다면 '사람다운 사람'이란 어떤 사람을 말하는 걸까? 사람, 즉 '인간人間'이라는 말은 '사람 인人'과 '사이 간間'을 합친 말로 '사람과 사람 사이'라는 뜻을 지니고 있어. 인간은 다른 사람과 함께 더불어 살아갈 수밖에 없는 존재라는 의미가 담겨 있는 거지. 그럼 사람다운 사람으로서 더불어 살아가려면 어떻게 행동해야 할까?

중국의 대표적인 사상가 공자는 인仁이라는 개념을 통해 '사람다움', '인간다움'에 대해 정의했어. 공자가 말한 '인'이란 '윗자리에 있으면 너그럽고, 예를 행하면 공경하며, 상을 당하면 슬퍼하는 마음'을 말해. 한마디로 다른 사람을 생각하고 위로하는, 따뜻하고 포용적인 '인간다운 마음씨'라는 거지. 또 공자는 인을 충忠과 서恕라는 말로도 설명했어. '충'이란 '자신이 서고자 할 때 다른 사람을 함

↑ 공자

께 세워 주는 것', 즉 자신을 스스로 내세우고 싶다면 다른 사람도 드높이는 거라고 했지. 쉽게 말하면 '잘난 체할 거면 다른 사람도 띄워 줘라!'라고 정리할 수 있어. 그리고 '서'는 '자신이 하기 싫은 일을 다른 사람에게 강요하지 않는 것'을 말해. 내가 하기 싫으면 다른 사람도 하기 싫은 게 당연하잖아. 너희가 공부하기 싫다면 친구들도 마찬가지겠지? (그래도 공부는 해야 해.) 인과 충, 서는 어렵지 않아. 그저 다른 사람의 마음을 살피고, 내 마음을 돌보듯 다른 사람의 마음도 돌보는 거라고 이해하면 돼.

이처럼 공자는 인을 "사람을 사랑하는 것"이라고 정의했어. 그래서 '인자(인을 지닌 자)'만이 "남을 좋아할 수 있고 남을 미워할 수 있다."라고도 말했지. 공자가 사람다움, 즉 인에 대해 말한 것들을 정리해 보면 결국 '인간을 사랑하는 마음'이라는 걸 알 수 있어. 공자님 말씀처럼 우리도 사람을 사랑하는 마음을 지니고 이를 실천한다면 머지않아 인자가 될 수 있을 거야.

1. 공자가 말한 '서(恕)'의 뜻과 가장 가까운 것은 무엇일까?

   ① 내가 하기 싫은 일을 다른 사람에게도 시키지 않는다.

   ② 나보다 항상 남을 먼저 세운다.

   ③ 항상 웃으면서 대한다.

   ④ 공부하기 싫어도 억지로 한다.

2. 다음 시를 읽고 밑줄 친 말의 의미에 대해 자신의 의견을 작성한다면?

   > 다스리는 것이 아니라 봉사하는 것
   >
   > 그것이 <u>사람을 사람답게 만드는 것</u>

3. 공자가 말하는 인이란 무엇인지 써 보자.

 **더 알고 싶어 119**　　　　📖 도서　▷ 영상　🔍 사이트

📖 『**공자는 어떻게 내 마음을 알까?**』 (김미성 외, 꿈결, 2016)
　　이 책은 중학생들이 자신의 경험을 바탕으로 공자의 『논어』를 쉽게 풀어 쓴 이야기야. 자아 찾기, 타인과의 소통, 예의와 용기 같은 주제에 대해 공자와 이야기할 수 있단다.

▷ **공자의 인 (EBS 5분 특강)**
　　이 영상은 공자의 사상에 대해 이해할 수 있는 5분 특강이야. 짧지만 공자의 사상을 일목요연하게 설명하고 있기 때문에 공자의 사상, 특히 '인'에 대해 이해하기 쉬울 거야.

인간으로서의 도리를 지킨다는 것은?

도덕과 양심의 관계

인간으로서 마땅히 지켜야 할 도리가 바로 '도덕'이야.
그렇다면 도덕을 지킨다는 것은 무얼 말하는 걸까?

학습 키워드　#도덕의 의미　#양심　#칸트

교과 연계　중 > 도덕1 > 나는 어떤 사람이고 어떻게 살아야 할까?

도덕과 양심

　사람다운 사람이 되기 위해 인간으로서 마땅히 지켜야 할 도리를 '도덕'이라고 해. '도덕道德'에서 도道는 '길'인 동시에 '사람이 마땅히 행해야 할 도리'를 뜻해. 덕德은 '얻음'과 '윤리적 이상을 실현해 나가는 인격적 능력'을 의미하지. 따라서 '도덕'이란 '인간이라면 마땅히 행해야 할 도리를 깨달아 그것을 실천할 수 있는 능력'이라고 풀이할 수 있어.

　우리는 도덕이 있어서 그 도덕을 기준으로 옳고 그름을 판단해 올바른 행동을 할 수 있는 거야. 그래서 우리는 도덕성을 바탕으로 '스스로' 도덕적인 행동을 실천할 수 있어야 해.

　요즘 우리 주변에 '무인' 가게가 많이 생긴 걸 볼 수 있어. 특히 무인 아이스크림 가게가 많은 것 같아. 이런 무인 가게는 지켜보는 사람이 없어도 구매한 물건을 사람들이 스스로 계산할 거라는 믿음이 있어야 운영될 수 있는 거야. 가게에 주인이 없더라도 아이스크림을 '내돈 내산(자기 돈으로 구매하는 것)'하는 그 마음을 우리는 '양심'이라고 해. 즉 양심은 우리가 도덕적인 행동을 할 수 있도록 돕는, 우리 내면의 소리라고 할 수 있어. 국어사전에서는 양심을 '사물의 가치를 변별하고 자기의 행위에 대하여 옳고 그름과 선과 악의 판단을 내리는 도덕적 의식'이라 정의하고 있지. 옳지 못하거나 나쁜 행동을 했을 때도 우리는 '양심에 찔린다.'라고 말하곤 해.

양심의 가책을 느끼지 않는다면

↑ 칸트

한편 칸트라는 철학자는 "내 머리 위에 빛나는 밤하늘의 별과 내 마음속에 있는 도덕법칙"이라는 말을 남겼어. '마음속에 있는 도덕법칙'이 바로 우리가 이야기했던 양심이야. 칸트는 또 양심을 '내면의 법정'이라고도 설명했어. "인간의 내적인 법정 의식이 바로 양심이다. 거기서 자신의 생각이 서로 고소한다든지 변명한다든지 한다."라는 말이었지. 양심은 어디까지나 자신이 올바르다고 믿는 행동을 했는지, 하지 않았는지를 판단하는 '도덕적 판단력'이고, 그 점과 관련해 양심은 잘못을 할 수 없다고 했어. 칸트는 양심을 따르는 것이야말로 '인류 최후의 사명'이고, 양심을 따르는 세계야말로 '지상에 있는 신의 나라'라고 주장했지.

우리는 양심에 어긋나는 행동을 했을 때 '양심의 가책'을 느끼잖아. 그런데 잘못된 행동을 했는데도 양심의 가책을 느끼지 않은 사람도 있어. 제2차 세계대전 당시, 히틀러 밑에서 일했던 아이히만이라는 사람은 유대인 학살에 관여했는데도 자신은 '상관의 명령을 따랐을 뿐'이라며 잘못에 대한 책임을 인정하지 않았어. 아이히만 같은 사람이 있는 걸 보면, 잘못된 행동을 한 모든 사람들이 양심의 가책을 느끼지는 않는 것 같아. 만약 아이히만이 양심의 가책을 느꼈다면 한 번 더 생각하고 올바른 행동을 하려고 하지 않았을까?

"사람이라면 누구나 실수를 해. 그러나 양심이 마비되지 않았다면 실수했다고 생각하자마자 괴로워지겠지. 그러나 코페르, 지금 괴롭다고 해서 슬퍼할 필요는 없어. 지금 아파하는 동안 새로운 자신감을 찾는 것이 중요해. 그리고 이렇게 생각하는 것이 중요해. 나한테 올바른 길을 걸어갈 수 있는 힘이 있기에 가끔은 이렇게 괴로워지기도 하는 것이라고."

    - 『그대들, 어떻게 살 것인가』, 요시노 겐자부로, p222

너희가 느끼는 내면의 소리는 지금 어떤 모양이야? 부디 너희가 내면의 올바른 소리를 듣고 행동하는 건강한 어른이 되었으면 해.

1. 자신의 양심의 모양을 그려 보자.

2. 자신에게 있어 '양심'이란 어떤 의미를 지니는지 써 보자.

3. 사물의 가치를 변별하고 자기의 행위에 대하여 옳고 그름과 선과 악의 판단을 내리는 도덕적 의식을 일컫는 말로 가장 적절한 것은?

① 선　　　② 도덕　　　③ 윤리　　　④ 양심　　　⑤ 올바름

4. 다음의 말이 가리키는 말은?

> 사람으로서 마땅히 지켜야 할 도리

5. 본문에 나온 칸트의 '내 마음속 도덕법칙'과 무인 가게의 양심을 연결해 설명해 보자.

 **더 알고 싶어 119**　　📖도서　▶영상　🔍사이트

📖『폰더 씨의 실천하는 하루』(앤디 앤드루스, 세종서적, 2008)
이 책은『폰더 씨의 위대한 하루』의 후속 이야기로, 성공과 행복을 이루기 위한 7가지 결단을 알려 줘. 책임, 지혜, 행동, 확신, 기쁨, 연민, 끈기의 중요성을 실제 사람들의 이야기와 함께 들려주지. 읽다 보면 두려움을 이겨 내고, 스스로의 삶을 멋지게 만들어 갈 용기와 희망을 얻게 돼.

📖『그대들, 어떻게 살 것인가』(요시노 겐지부로, 양철북, 2012)
열다섯 살 소년 코페르는 외삼촌과의 대화를 통해 세상과 삶에 대해 깊이 생각하기 시작해. 책의 제목처럼 '어떻게 살아야 할까?'라는 물음에 한 걸음 다가갈 수 있을 거야.

타인 거짓말은 태도 될까?

칸트와 공리주의의 '거짓말'

우리는 타인을 속이기 위해 거짓말을 하기도 하지만 타인의 마음에 상처를 입히지 않기 위해,
혹은 타인을 위해 선의의 거짓말을 할 때도 있어. 거짓말은 늘 옳지 않은 걸까?
아니면 타인을 위한 선의의 거짓말은 허용될 수 있는 걸까?

학습 키워드　#거짓말 #선의의거짓말 #의무론 #칸트 #공리주의
교과 연계　중 › 도덕1 › 어떤 사람이 도덕적인 사람일까?

선의의 거짓말

거짓말은 '사실이 아닌 것을 사실인 것처럼 꾸며 대서 하는 말'이야. 거짓말은 말로 타인을 속이는 것이라서 대개 옳지 못한 행동처럼 여겨지지. 다음 이야기를 읽고 너희라면 어떻게 말할지 '솔직하게' 생각해 봐.

"어떤 죄 없는 Y라는 사람이 그를 죽이려는 갱들에게 쫓겨 당신에게 숨겨 달라고 빌면서 당신 집 문 앞에 와 있다고 생각해 보자. 당신은 그를 들어오게 해서 3층 다락방에 숨겨 준다. 잠시 후에 갱들이 도착해 'Y가 당신 집 안에 있지?' 하고 말하며 그 사람이 어디 있는지를 추궁한다. 당신은 어떻게 말해야 할까?"

― 루이스 포이만·제임스 피저, 『윤리학』

이럴 때 우리는 어떻게 말해야 할까? 만약 우리가 죄 없는 사람을 지키기 위해 거짓말을 했다면 그 거짓말은 '선의의 거짓말' 혹은 '하얀 거짓말'이라고 할 수 있어. 선의의 거짓말은 말 그대로 '선의', 즉 착한 의도에서 하는 거짓말로 타인에게 피해를 주지 않아. 반면 악의의 거짓 말은 자신의 이익을 위해 하는 거기 때문에 다른 사람에게 피해를 주지.

위 이야기에서 Y를 지키기 위한 거짓말은 Y라는 사람을 살리기 위 해서 한 거라서 '선의의 거짓말'로 볼 수 있어. 그렇지만 '선의로 타인을 속이는 행동이 과연 도덕적으로 정당한가?'라는 의문을 품을 수 있지.

거짓말에 관한 두 가지 입장

우리는 어렸을 때부터 '거짓말은 옳지 않은 것'이라고 배웠어. 이와 관한 다음 두 가지 철학적 입장을 보고 나서 선의의 거짓말은 도덕적으 로 허용될 수 있는지에 대해 너희도 한번 생각해 봐.

칸트라는 철학자는 이성에 의해 세워진, 누구나 꼭 지키고 따라야 할 도덕법칙이 존재한다고 생각했어. 그는 이 도덕법칙을 반드시 지켜 야만 하는 절대적인 것으로 보았지. 그래서 칸트는 행위의 결과에 대해 서는 판단하지 않고 옳은 행위를 오로지 그것이 옳다는 이유에서 받아 들이고 따르려는 마음가짐인 '선의지'에서 비롯된 의무에 따른 행위만 을 도덕적 행위로 인정했어. 비록 선의로 했을지라도 거짓말 자체는 타 인을 속이는 행동이기 때문에 도덕적 의무에 어긋나는 것이라고 봤지. 즉 선의든 아니든 '거짓말' 자체가 도덕적 의무에 어긋나는 행동이라고 생각한 거야. 칸트는 거짓말을 한 번 허락한다면 두 번, 세 번은 더 쉬워 질 거라고 보았기 때문에 거짓말이 허용되는 사회를 원치 않았던 거지.

칸트는 실제로 자신의 사상처럼 평생 거짓말을 하지 않고 살았다고

해. 정말 대단하지? 아마 칸트라면 앞에 소개한 이야기에 대해 "Y를 숨겨 주기 위한 거짓말은 하지 않을 것이다. 거짓말은 도덕적으로 옳지 못한 행동이기 때문이다."라고 답했을 거야.

한편 거짓말을 허용하는 철학적 입장도 있어. '벤담'과 '밀'로 대표되는 '공리주의'는 도덕적 행동을 판단할 때 '최선의 결과를 낳는 행동'이 도덕적 행동이라고 생각했어. '최대 다수의 최대 행복'이라는 공리功利의 원리에 따라 많은 사람이 행복할 수 있다면, 그 행동은 정당하다고 판단하는 거지. 여기서 공리란 쾌락이나 행복을 가져오고 고통을 막는 '유용성(효용성)'을 가리킨다고 해. 만약 공리주의에 따른다면 앞의 이야기에 '선의의 거짓말로 한 사람의 생명을 구한 것은 유용성이 증가하는 행동이기 때문에 공리의 원리에 따라 정당하다.'라고 답했을 거야.

우리 주변에서도 거짓말을 대하는 서로 반대되는 입장을 볼 수 있어. 거짓말은 타인을 속이는 행동이기 때문에 언제나 사실만을 얘기해 주기를 바라는 사람이 있는가 하면, 가끔은 선의의 거짓말은 필요하다고 말하는 사람들도 있지. 너희 생각은 어때? '거짓말'이 도덕적으로 허용되는 게 나을까? 정답은 없으니까 '거짓말'에 대한 생각을 한번 정리해 봐.

1. 칸트가 생각한 거짓말에 대한 태도로 가장 알맞은 것은 무엇일까?

① 선의의 거짓말은 괜찮다고 본다.　　② 거짓말은 결과가 좋으면 허용된다.

③ 친구를 위해 하는 거짓말은 괜찮다.　④ 거짓말은 가끔은 필요하다.

⑤ 거짓말은 어떤 이유에서든 해서는 안 된다.

2. 빈칸에 들어갈 말로 적절한 단어를 작성한다면?

> 벤담과 밀로 대표되는 '공리주의'는 도덕적 행동을 판단할 때 결과, 즉 최선의 결과를 낳는 행동을 도덕적 행동이라고 생각합니다. '최대 (　㉠　)의 최대 (　㉡　)'이라는 공리(功利)의 원리에 따르면 많은 사람이 행복할 수 있다면 그 행동은 정당한 것이지요.

3. . '거짓말은 도덕적으로 허용될 수 있는가?'에 대한 물음에 찬성하니? 이에 대한 의견을 써 보자.

더 알고 싶어 119

📖 도서　▷ 영상　🔍 사이트

📖 **『거짓말 같은 이야기』** (강경수, 시공주니어, 2011)
이 책은 전 세계 아이들이 겪는 전쟁, 가난, 차별 같은 현실을 담백한 글과 그림으로 보여 줘. 짧은 문장과 강렬한 그림을 통해 어린이 인권의 소중함을 느끼게 하지. '모두가 함께 사는 지구촌 가족'이라는 메시지를 전하는 그림책이야. 거짓말에 대해 이야기하고 있으니, 거짓말 같지만 진실인 현실에 대해서 생각해 볼 수 있는 책이야.

▷ **드라마 〈피노키오〉**
이 드라마의 여자 주인공은 거짓말을 하면 딸국질을 하는 '피노키오 증후군'이라는 가상의 병을 앓고 있어. 진실을 밝히는 기자라는 직업을 지닌 여자 주인공이 삶에서 만나는 다양한 '거짓말'에 대해 생각해 볼 수 있는 드라마야.

우리가 도덕적이어야 하는 이유는 무엇일까?

유혹을 이겨 내고 도덕적으로 행동해야 하는 이유

나에게 이익이 되지 않더라도 언제 어디서나 도덕적으로 행동하는 건 멋진 일이야.
우리가 도덕적 행동을 하는 이유는 무엇일까?
혹은 우리가 도덕적 행동을 해야 하는 이유는 무엇일까?

학습 키워드　#도덕적행동 #행복 #자아실현 #공리주의 #칸트 #선비 #아리스토텔레스 #공유지의비극
교과 연계　중 〉 도덕1 〉 나는 어떤 사람이고 어떻게 살아야 할까?

도덕적이어야 하는 이유

투명 인간이 되어서 우리가 무얼 하든 아무에게도 보이지 않는다면 그때도 우리는 도덕적으로 행동할 수 있을까? 이 질문에 답하기에 앞서 우리가 왜 도덕적으로 살아야 하는지에 대해 설명해 볼게.

우리가 도덕적이어야 하는 첫 번째 이유는 우리 자신을 포함한 사회 전체에 이익이 되기 때문이야. '공유지의 비극'이라는 사례를 한번 살펴 볼까? 한 마을 주민들이 가축을 방목해서 키우는 공동의 목초지(공유지)가 있었어. 마을 주민들은 이 공동의 목초지를 이용하는 데 비용이 들지 않아서 앞다투어 더 많은 양을 방목했지. 결국 목초지는 양들로 붐비게 됐고, 풀이 자라는 속도보다 양이 풀을 뜯는 속도가 더 빨라지는 바람에 얼마 안 가 풀이 거의 없는 황무지로 변하고 말았어. 마을 사람들은 각자

↑ 가축을 방목하는 목초지

자신들의 이익을 위해 다른 사람을 배려하지 않고 행동했고, 그 결과 자신뿐만 아니라 사회 전체에 큰 손해를 끼치고 말았어. 만약 마을 사람들이 서로 배려해서 적당하게 방목했다면 사람들은 가축을 더 잘 키울 수 있었을 거야. 이처럼 우리가 서로 배려하면서 도덕적으로 살아간다면 자신뿐만 아니라 마을 전체, 더 나아가 사회 전체의 이익이 커질 수 있어.

이 이야기에 따르면 우리는 '착한 사람은 손해를 본다.'라는 말에 반박할 수 있어. 왜냐하면 우리 자신의 도덕적 행동이 '나'뿐만 아니라 '사회 전체'의 이익이 될 수 있기 때문이지.

이는 벤담과 밀로 대표되는 공리주의와 같은 맥락의 입장이야. 공리주의는 '최대 다수의 최대 행복'을 공리의 원리로 제시하고 다수의 쾌락을 증진시키는 행동이 도덕적이라고 주장했어. 자신의 이익(쾌락)만을 목적으로 하는 게 아니라 사회 전체의 유용성이 더 가치 있다고 보는 견해인 거지. 도덕적 행동은 자신이 속한 사회의 이익과 유용성을 증대시키기 때문에 가치 있다는 거야.

우리가 도덕적이어야 하는 두 번째 이유는 도덕은 마땅히 지켜야 하는 의무이기 때문이야. 우리는 이성을 지닌 도덕적 존재로서 도덕적인 삶을 선택하고 행동할 때 '사람다운 사람'이 될 수 있어.

독일의 철학자 '칸트'도 인간이라면 마땅히 도덕적으로 행동해야 한다고 생각했지. 그는 인간에게는 누구나 지켜야 할 도덕법칙이 있고, 이 도덕법칙에 따라 행동하는 것이 인간의 의무라고 주장했어. 무언가를 바라고 행동하는 것이 아니라 도덕법칙 그 자체를 지키는 것이 옳기 때문에 도덕적으로 행동해야 한다고 말한 거야.

진정한 행복과 자아실현의 계기

우리가 도덕적이어야 하는 세 번째 이유는 도덕적 행동을 통해 진정한 행복을 얻을 수 있기 때문이야. 우리는 아픈 친구를 도와주거나 길거리에 널브러진 쓰레기를 줍는 것처럼 타인에게 도움이 되는 도덕적 행동을 했을 때 뿌듯함과 보람, 행복 같은 기분 좋은 만족감을 느낄 수 있어.

우리가 도덕적이어야 하는 네 번째 이유는 도덕적 행동은 자아실현의 계기가 되기 때문이야. 우리 선조들이 전통적으로 추구했던 이상적 인간상 중 하나인 선비의 삶에서 이러한 모습을 찾을 수 있어. 선비는 하늘로부터 부여받은 맑고 선량한 마음씨를 발휘하는 것을 삶의 목표로 삼고, 이를 실천하기 위해 평생 도덕적 수양에 힘썼다고 해. 우리도 선비처럼 도덕적 수양을 삶의 목표로 삼는다면 자아를 실현할 수 있을 거야.

고대 그리스의 '아리스토텔레스'라는 철학자도 자아실현을 위해 도덕적 삶이 필요하다고 생각했어. 삶의 목적을 행복으로 설정한 아리스토텔레스는 행복해지기 위해서는 도덕적 행동을 실천하는 올바른 습관을 들이고, 그 바탕 위에서 삶에 대해 깊이 생각하고 성찰해야 한다고 주장했어. 이처럼 우리가 도덕적이어야 하는 이유는 자아실현, 곧 행복을 이룰 수 있기 때문이란다.

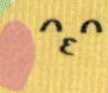

1. 고대 그리스의 철학자 아리스토텔레스가 삶의 목적으로 추구한 것으로 가장 적절한 것은?

① 도덕　　　② 절의　　　③ 행복　　　④ 자아실현　　　⑤ 올바른 습관

2. 빈칸에 들어갈 적절한 단어를 써 보자.

> 우리 선조들은 도덕적 삶을 위해 ＿＿＿＿＿(와)과 같은 삶의 모습을 추구했습니다. ＿＿＿＿＿(은)는 하늘로부터 부여받은 맑고 선량한 마음씨를 발휘하는 것을 삶의 목표로 삼고, 이를 실현하기 위해 평생 도덕적 수양에 힘썼다고 합니다.

3. 투명 인간이 되면 아무도 모르게 마음대로 할 수 있어. 하지만 그때도 도덕적으로 행동할까? '하고 싶은 일'과 '도덕적으로 해야 할 일'을 적고, 그렇게 생각한 이유도 함께 써 보자.

더 알고 싶어 119　　　📖 도서　▶ 영상　🔍 사이트

📖 『10대를 위한 나의 첫 철학 읽기 수업』 (박균호, 다른, 2022)
이 책은 철학을 통해 세상을 새롭게 바라보게 하는 청소년 인문 교양서야. 우리가 공부했던 내용 말고도 여러 사상을 현실 문제에 연결할 수 있게 도와준단다.

▶ 아이의 사생활, 도덕성 편 (EBS 다큐프라임)
도덕성과 행동의 다양한 실험을 통해 도덕적인 삶에 대해 생각할 수 있게 해 주는 영상이야. 일상의 문제와 맞닿은 실험들이 많이 나와서 옳은 삶을 실천한다는 것에 대해 많은 질문을 던져줘. 주지.

 년 월 일

우리는 알면서도
왜 실천하지 못할까?

우리가 도덕적 행동을 하지 못하는 원인에는 어떤 것들이 있을까?

우리는 옳다는 것이 무엇인지 정의하기 힘들더라도 옳은 행동이 무엇인지는 잘 알고 있어.
옳은 행동이 무엇인지 잘 알고 있어도,
우리는 왜 가끔 도덕적인 행동을 하지 못하는 걸까?

학습 키워드 #착한사마리아인의법 #소크라테스 #아리스토텔레스 #양명
교과 연계 중 〉 도덕1 〉 어떤 사람이 도덕적인 사람일까?

도덕적 행동을 하지 못하는 이유

어떤 사람이 길에서 강도를 만나 돈과 옷을 빼앗긴 채 큰 상처를 입고 쓰러져 있었다. 그때 사람들의 존경을 받던 신분의 두 사람이 차례로 쓰러진 사람의 곁을 지나갔다. 하지만 둘 다 모르는 척하고 가 버렸다. 그런데 당시 가장 천대받고 살아가던 사마리아 사람이 그를 보더니 얼른 달려와 그의 상처를 치료하기 시작했다. 그리고 자기 옷을 찢어 상처가 난 부분을 싸매어 주고는 주막으로 데리고 가서 주인에게 돈을 주며 남은 치료를 부탁했다. 그는 주인에게 치료비가 더 들면 돌아오는 길에 갚아 주겠다고 말하고 떠났다.

도움이 필요한 사람을 외면하지 않았던 사마리아인의 착한 행동으로 인해 '착한 사마리아인의 법'이 등장했어. '착한 사마리아인의 법'은

곤경에 처한 사람을 외면하면 안 된다는 도덕적·윤리적 의무를 부여한 법이야.

이야기 속 사람들이 도덕적 행동을 하지 못한 이유는 뭘까?

첫째, '무지'하기 때문에 도덕적 행동을 하지 못한 것일 수 있어. 무지는 '지식이 없다'는 뜻이야. 어떤 것이 도덕적 행동인지 알고 실천하기 위해서는 도덕적 지식이 필요하다는 거지. 고대 그리스의 철학자 소크라테스는 인간으로서 최선의 상태가 되려면 참된 앎에 대한 '지식'이 굉장히 중요하다고 생각했어. 지식이 있다면 도덕적 행동을 자연스럽게 실천할 거라 생각한 거지. 소크라테스는 '선(좋음)'을 실현하려는 욕구는 모든 사람들이 가진 거라고 생각했어. 어느 누구도 잘못된 행위를 의도적으로 할 리 없잖아. 따라서 '선'에 관한 지식이 있다면 도덕적 행위를 실천할 수밖에 없어. 또한 소크라테스는 지식과 행동이 하나가 되는 '지행합일'을 주장하면서 도덕적 지식에 따라 도덕적 행동을 하면 자연스럽게 행복해질 수 있을 거라고 생각했대. 이걸 어려운 말로 '지덕복합일설'이라고 해!

둘째, '의지의 나약함'이나 '자제력' 부족 때문에 도덕적 행동을 하지 못할 수 있어. 매일 다이어트를 하겠다고 생각하면서도 과자와 빵을 찾는 자신을 보며 한탄하는 것처럼 도덕적 행동을 하려면 강력한 의지가 필요해. 그런데 더 즐거운 것들이 우리를 유혹하면서 도덕적 행동을 막는 거지. 아리스토텔레스는 이를 '자제력 없음'이라고 설명했어. '자제력이 없는 사람'은 이성이 알려 주는 올바른 이치가 무엇인지 분명히 알고 있지만 여러 이유로 올바른 이치에 따라 행동하지 못하는 사람이야. 이들은 올바른 이치에 따라 행동하고 싶은 마음과 지식은 있지만 실천에 옮기지 못하는 사람들이지. 아리스토텔레스는 의지의 나약함으로 인한 도덕적 실패는 습관을 통해 극복해야 한다고 생각했어. '의지가 나약한 사람', '자제력이 부족한 사람'이 도덕적 행동을 실천으로 옮기려면 '도덕적 실천 의지'를 강하게 키워야 한다는 거지.

동양의 사상가들도 지식과 행동의 일치, '지행일치'와 '지행합일'을 주장했어. '예'를 강조한 동양의 사상가 순자는 "학문은 실천을 통해 완성된다."라고 주장했지. 양명학에서도 지와 행의 동일성, 지행합일설을 주장하며 진정한 진리인 진지眞知는 반드시 행(실천)으로 나타나므로 행하지 못하는 것은 '지'라 할 수 없다고 했어. 양명학을 대표하는 학자 '왕수인'은 안다는 것은 행동이 따라야 하는 거니까 결국 실천으로 옮겨야 앎이 완성된다고 말했지. 효도를 알고 있다면 반드시 효도를 실천해야 하고, 공경을 알고 있다면 반드시 공경을 실천하는 모습이 자연스럽다는 거야.

착한 사마리아인의 법과 자유권 침해

한편 자제력이나 의지가 부족해서 도덕적 행동을 하지 못하는 것은 자신의 이익만 생각하는 이기심이나 용기 부족, 문제 상황을 그냥 지나쳐 버리는 도덕적 무관심 때문일 수 있어. 도덕적 지식이 부족하다면 도덕적 행동을 실천하면서 배우면 돼. 배운 것을 그대로 행동으로 옮긴다면 완벽하겠지. 그런데 그게 꼭 그렇지만은 않은 것 같아.

"한 시장에서 자동차가 아이를 치었다. 자동차 운전자는 잠시 멈칫하는 듯했으나 이내 현장에서 사라졌다. 아이가 길에 쓰러졌지만 그곳을 지나던 사람들은 힐끔 쳐다보고 지나쳐 버렸다. 사고 이후 무려 열여덟 명의 보행자가 쓰러져 있는 아이의 곁을 그저 쳐다만 보고 아이를 피해 갈 뿐 어떤 반응도 보이지 않았다. 이 아이는 사람들의 무관심 속에 방치되었다가 엄마에게 발견돼 병원으로 긴급 후송되었다.”

– 중앙일보, 2011년 10월 17일

이 이야기에 나오는 18명의 보행자 중 ‘쓰러진 아이를 도와줘야 한다.’라는 사실을 몰랐던 사람이 과연 몇 명이나 될까? 도덕적 행동이 무엇인지 알고 있어도 여러 사정으로 그렇게 행동하지 못한다면, 그때는 어떻게 해야 할까? 많은 나라에서는 이와 같은 문제의 심각성을 깨닫고 도움이 필요한 사람을 외면하면 처벌하는 ‘착한 사마리아인의 법’을 제정했어. 현재 착한 사마리아인의 법은 독일, 프랑스, 스위스 등 많은 나라에서 이미 시행하고 있어(참고로 우리나라는 아직 시행하지 않고 있단다).

한편 착한 사마리아인의 법에 대해 반대하는 의견도 있어. 가장 큰 이유는 ‘자유권’ 때문이야. 도덕적인 행동은 본인의 자발적인 자유 의지에 따라 이루어져야 하는데, 이러한 행동까지 국가에서 ‘법’으로 강제한다면 자유권이 침해될 수 있기에 법으로 제정하는 것이 옳지 않다는 주장이지.

착한 사마리아인의 법에 대한 너희 생각은 어때? 이 법에 찬성하든 반대하든 평소에 도움이 필요한 사람에게 손길을 내미는 도덕적인 사람이 되기를 바랄게.

1. 빈칸에 들어갈 말로 적절한 단어를 넣는다면?

> 양명학에서는 '(㉠)는 (㉡)의 시작이고 (㉡)은 (㉠)의 완성'이므로 안다는 것은 행위를 수반하기에 결국 실천으로 옮겨야 앎이 완성된다라고 주장합니다. 따라서 효도를 알면 반드시 효도를 실천해야 하고 공경을 알면 공경을 반드시 실천하는 모습이 자연스러운 것입니다. 결국 (㉠)(㉡) 공부는 "원래 하나의 공부"입니다.

2. 다음 중 도덕적 행동을 실천하기 위한 올바른 태도로 보기 어려운 것은?

① 습관적으로 작은 선행을 실천한다.

② 다른 사람이 먼저 하면 그때 따라 한다.

③ 용기를 내어 도움이 필요한 사람을 돕는다.

④ 올바른 지식을 배우고 행동으로 옮긴다.

3. 다음 중 '착한 사마리아인의 법'이 적용될 수 있는 상황은 어느 것일까?

① 버스에서 자리를 양보하지 않는 경우

② 길에서 다친 사람을 보고도 모른 척하고 지나친 경우

③ 시험 시간에 친구 답안을 보는 경우

④ 쓰레기를 아무 데나 버리는 경우

더 알고 싶어 119

📖 도서 ▶ 영상 🔍 사이트

📖 『최소한의 선의』 (문유석, 문학동네, 2021)
판사로 재직하셨던 문유석 작가님이 쓰신 책이야. 법과 가장 가까이 있었던 분인 만큼 최소한의 선이자 도덕인 법에 대한 고찰을 담았어.

▶ 드라마 〈학교 2013〉
학교를 중심으로 일어나는 다양한 문제를 그린 드라마야. 학교에서 내가 이런 일을 겪는다면 나는 어떻게 행동할 것인지 고민하게 될 걸?

"왜 안 되는 건데?"를 똑똑하게 설명하는 법

삼단 논법으로 구성되는 도덕적 추론

우리는 도덕적 문제 상황을 만났을 때
'올바른 행동'을 위해 나름의 도덕 판단을 내리곤 해.
이러한 도덕적 판단은 어떠한 과정을 거쳐 나오는 걸까?

학습 키워드　#삼단논법　#연역법　#귀납법　#도덕적 추론　#도덕원리　#사실판단　#도덕판단
교과 연계　중 〉 도덕2〉 옳고 그름을 어떻게 분별할 수 있을까?

도덕적 추론과 삼단 논법

우리가 어떤 행동을 할 때는 머릿속에서 이 행동을 하면 어떤 결과가 나올지 혹은 다른 사람들에게 어떤 영향을 미칠지 고민을 거친 다음에 판단하곤 해. 마찬가지로 도덕적 행동을 실천하려면 도덕 판단을 내리는 과정이 필요한데, 이 과정을 '도덕적 추론'이라고 해. 우리가 내린 판단이 정당한지 도덕적 추론 과정을 통해 검토해 보는 거지.

'추론'은 '미루어 생각하여 논하거나, 어떠한 판단을 근거로 삼아 다른 판단을 이끌어 낸다.'라는 뜻이야. 논리학에서는 추론을 크게 '연역법과 귀납법'으로 구분하고 있어. '연역법'은 추론의 형식이 타당하고 전제가 참일 경우 결론도 반드시 참이 되는 추론 방식이야. 우리가 지금부터 다룰 '삼단 논법'이 대표적인 연역 추론 방식이지. 한편 '귀납법'은 개별

적인 현상이나 특수한 사실을 분석하고 이를 토대로 결론을 찾는 방식이야. 실험이나 통계를 바탕으로 결론을 찾는 방법이지. 경험론을 창시한 '베이컨'이 귀납법을 대표하는 철학자야.

도덕적 추론은 아리스토텔레스의 이론에서도 등장한 '삼단 논법'과 같은 구조를 갖고 있어. 삼단 논법과 도덕적 추론의 구조는 다음 표와 같아. 이 표에서 대전제는 도덕 원리에, 소전제는 사실 판단, 결론은 도덕 판단에 대응해서 이해하면 쉬울 거야.

도덕적 추론이란 '도덕 원리'와 '사실 판단'을 전제로 '도덕 판단'을 도출하는 걸 말해. 도덕 원리는 '일반적인 도덕 판단'이기 때문에 도덕 원

삼단 논법	도덕적 추론
대전제	도덕 원리
소전제	사실 판단
결론	도덕 판단

리는 모든 사람이나 어떤 종류의 행위 전체에 관해 보편적으로 평가하는 도덕 판단인 거지. 사실 판단은 무엇이 맞는지 틀린지 구분해서 객관적인 참과 거짓을 확인하는 거야. 이러한 도덕 원리와 사실 판단을 근거로 '도덕 판단'을 내리게 되는 거지. 도덕 판단은 일반적인 도덕 판단과 구분해서 '개별적인 도덕 판단'이라고 불러.

도덕 판단을 내리는 방법

도덕적 추론의 과정을 통해 도덕 판단을 내리려면 '삼단 논법'의 구조와 형식을 이해해야 해. 삼단 논법은 대전제, 소전제를 토대로 결론을 내리는 방법이야. 다음 표에 정리된 삼단 논법을 푸는 공식을 살펴보자. 대전제에서 '모든 사람'을 a로, '죽는다'를 b로 놓고, 소전제에서 '소크라테스는' c로, '사람'은 대전제의 모든 사람에 대응되기 때문에 똑같은 a로 놓는 거야. 여기서 중복되는 a를 지우면 소크라테스는(c), 죽는다(b)

삼단 논법	
대전제 보편적인 판단	모든 사람은 죽는다. a → b
소전제 개별적인 판단	소크라테스는 사람이다. c → a
결론	소크라테스는 죽는다. c → b

는 결론이 도출되는 거지.

이 공식을 도덕적 추론에 적용해 볼게. 먼저 도덕 원리의 '인간의 존엄성을 해치는 것'을 a로 두고, '안 된다'를 b로 놓을게. 사실 판단에서 '다른 사람을 폭행하는 것은'을 c로 두고, 중복된 인간의 존엄성을 해치는 것을 a로 대응시키면 돼. 그럼 중복된 a, 즉 인간의 존엄성을 해치는 것을 지우면 다른 사람을 폭행하는 것은 '안 된다'라는 결론이 도출되지. 공식에 대입하면 어려워 보이는 문장도 간단해지지?

도덕적 추론	
도덕 원리	인간의 존엄성을 해쳐서는 안 된다. a → b
사실 판단	다른 사람을 폭행하는 것은 인간의 존엄성을 해치는 것이다. c → b
도덕 판단	다른 사람을 폭행하는 것은 안 된다. c → b

사는 동안 우리는 다양한 도덕적 갈등 상황과 마주하게 될 거야. '올바른 행동'을 하고자 한다면 이러한 문제 상황을 해결하기 위해 여러 도덕 판단을 내리게 되겠지. 그렇다고 우리가 내리는 도덕 판단이 항상 옳은 것은 아니야. 객관성을 지닌 정당한 도덕 판단을 내리려면 타당한 이유나 근거를 바탕으로 올바른 도덕적 추론 과정을 거쳐야 하기 때문이지. 올바른 도덕 추론 과정을 거쳐서 내린 도덕 판단을 바탕으로 행동한다면, 우리가 하는 행동의 논리적 정당성이 부여되겠지? 너희도 도덕적 추론 과정을 바탕으로 현명한 도덕 판단을 내리는 사람이 되길 바랄게.

1. 다음 중 도덕 판단을 내리는 과정을 설명하는 단어로 가장 적절한 것은?

① 공식   ② 귀납법   ③ 연역법   ④ 삼단 논법   ⑤ 도덕적 추론

2. 빈칸에 들어갈 말로 적절한 단어를 넣는다면?

> (㉠)는 '일반적인 도덕 판단'이기도 합니다. '일반적'이라는 것은 거의 모든 사람에게 적용되는 것입니다. 따라서 (㉠)는 모든 사람이나 어떤 종류의 행위 전체에 관해 보편적으로 평가하여 내리는 도덕 판단입니다.
>
> (㉡)은 말 그대로 사실을 말하는 판단입니다. 따라서 객관적으로 참과 거짓을 확인할 수 있는 판단입니다.
>
> 이러한 도덕 원리와 사실 판단을 근거로 '도덕 판단'을 내리게 됩니다. 도덕 판단은 일반적인 도덕 판단과 구분하여 '(㉢) 도덕 판단'으로 불립니다.

3. 다음 중 연역법에 해당하는 것은 무엇일까?

① 여러 번 비가 오는 것을 보고 "장마철에는 비가 자주 온다."라고 결론 내린다.
② "모든 사람은 죽는다. 소크라테스는 사람이다. 따라서 소크라테스는 죽는다."라고 결론 내린다.
③ 친구 여러 명이 도움을 줘서 "내 친구들은 모두 착하다."라고 결론 내린다.
④ 매일 해가 떠서 "해는 매일 뜬다."라고 결론 내린다.

4. 빈칸에 들어갈 말로 적절한 것은? 도덕적 추론 방법을 활용해 도덕 판단을 내려 보자.

> 도덕 원리: 환경을 오염시키는 행위는 옳지 않다.
>
> 사실 판단: 쓰레기를 함부로 버리는 것은 환경을 오염시키는 행위이다.
>
> 도덕 판단: ______________________________

더 알고 싶어 119

📖 도서   ▷ 영상   🔍 사이트

📖 『반갑다, 논리야』 (위기철, 사계절, 2023)

이 내용 혹시 어려웠니? 아니면 혹시 더 연습하고 싶니? 그렇다면 이 책을 읽어 봐. 재미있는 이야기로 어려운 논리 학습을 쉽게 도와줄 거야.

▷ 영화 〈더 임파서블〉

이 영화는 재난 앞에서 인간이 얼마나 약하면서도 강한 존재인지를 보여 줘. 위기 상황에서 인간의 옳은 판단이 얼마나 빛나는지 같이 확인해 볼래?

나의 말과 행동을 되돌아본다는 건 무엇일까?

성찰(반성)과 관련된 동서양 사상가들의 관점

올바른 삶을 살기 위해서는 늘 우리의 삶을 되돌아보고
더 나은 삶을 살아가기 위해 의지를 다질 필요가 있어.
그 과정이 바로 '성찰'이야.

학습 키워드 #반성 #성찰 #소크라테스 #데카르트 #한나아렌트 #맹자, #일일삼성

교과 연계 초5~6 〉 도덕 〉자신의 생활을 반성하는 일은 왜 중요할까?
중 〉 도덕2 〉마음의 평화를 어떻게 이룰 수 있을까?

윤동주의 성찰하는 삶

"죽는 날까지 하늘을 우러러 / 한 점 부끄럼이 없기를, 잎새에 이는 바람에도 / 나는 고로워했다. / 별을 노래하는 마음으로 / 모든 죽어가는 것을 사랑해야지. / 그리고 나한테 주어진 길을 / 걸어가야겠다. /오늘 밤에도 별이 바람에 스치운다."   – 윤동주, 〈서시〉

이 시를 지은 윤동주 시인은 일제강점기라는 어두운 시대를 살아갔던 한 사람의 양심과 부끄러움에 대해 고민했어. 그의 대표적인 시 〈서시〉는 '어떻게 살아갈 것인가'에 대해 고민하며 하늘과 양심 앞에 조금도 부끄럽지 않은 삶을 살고자 했던 시인의 번민과 의지가 담겨 있는 작품이야. 윤동주는 자신의 마음을 반성하고 살피는 성찰을 통해 자신의 행

↑ 윤동주

↑ 데카르트

↑ 한나 아렌트

동을 돌아보고, 더 나은 삶을 살기 위한 의지를 다졌던 거지.

고대 그리스의 철학자 '소크라테스'는 "성찰하지 않는(검토되지 않은) 삶은 가치가 없다."라고 말했어. 그는 현실 사회에 순응해 쾌락이나 명성을 추구하는 삶, 즉 자신의 영혼에 관해 스스로 숙고하거나 깊이 생각하지 않는 삶은 가치가 없다고 본 거야.

근대 철학의 아버지라고도 불리는 프랑스의 수학자 '데카르트'는 '사유하는 것'의 중요성을 강조했어. 데카르트는 잘못된 믿음과 지식 하나가 모든 것들을 잘못되게 만들기 때문에 조금이라도 의심할 여지가 있는 것은 철저하게 의심해야 한다고 주장했어. 데카르트의 말 중 가장 유명한 건 "나는 생각한다. 그러므로 나는 존재한다Cogito ergo sum."라는 명제야. 데카르트는 자신의 존재 자체를 의심하는 것은 불가능하다고 여겼고, 그 근거가 '나는 생각하기' 때문이라고 봤어. 우리도 데카르트처럼 늘 생각하면서 모든 것을 의심함으로써 자신의 행동을 늘 성찰해야 해.

독일 출신의 작가이자 정치 이론가인 한나 아렌트도 『예루살렘의 아이히만』이라는 책에서 제2차 세계대전 당시 독일 나치의 유대인 학살 업무 책임자였던 아이히만의 삶을 예로 들어 '생각하는 것'의 중요성을 강조했어. 아이히만은 500만 명이 넘는 유럽 각지의 유대인을 체포해서 포로수용소로 보낸 것을 자랑스러워했고, 전쟁이 끝난 후 재판정에 서서도 자신이 저질렀던 행동이 군인으로서 마땅히 해야 할 임무를 수행했을 뿐이라고 주장했지. "나는 명령에 따랐을 뿐이며 명령은 따라야 하는 것"이라고 했다고 해. 아렌트는 아이히만이 이런 생각을 갖게 된 이유가 스스로 '자신이 대체 무슨 일을 하고 있는지 그 의미를 전혀 고민하지 않았기 때문'이라고 지적했지.

반성하는 삶

맹자는 우리 마음의 선한 마음을 나타내기 위한 수양을 강조했어. 그는 특히 모든 허물이나 잘못의 근원을 자신 속에서 찾는 '자기반성自己反省'을 해야 한다고 했지.

정약용도 반성과 성찰을 위한 수양법을 제시했어. '신독愼獨'을 통한 내면적 자기반성을 통해 사리사욕(사적인 욕심이나 욕망)에 의해 가려졌던 하늘의 명령, 천명을 들어야 한다는 거였지.

공자의 가르침을 계승한 중국의 유학자 증자는 '일일삼성一日三省', 즉 매일 세 번 반성했다고 해. 다른 사람을 위해 일을 도모하는 데 충실하지 않았는지(남을 위해 일할 때 성실하였는지), 벗과 함께 사귀는 데 신의를 잃지 않았는지(친구와의 교제에서 신의[믿음과 의리] 없는 행동을 하지 않았는지), 스승에게 배운 것을 익히지 못하지는 않았는지, 이 세 가지 기준으로 매일 자신을 되돌아보았다고 해. 이 세 가지 질문에 올바르게 대답할 수 있다면 '오늘 하루 잘 살았다.'라고 스스로 칭찬해도 돼.

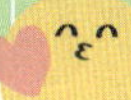

1. 다음 중 '성찰'의 의미를 가장 잘 설명한 것은 무엇일까?

　① 남을 비판하고 잘못을 찾아내는 것

　② 자기 행동을 되돌아보고 더 나은 삶을 다짐하는 것

　③ 무조건 윗사람의 말에 복종하는 것

　④ 하루에 세 번 이상 거울을 보는 것

2. 증자의 일일삼성(一日三省)에서 성찰하는 내용이 아닌 것은 무엇일까?

　① 다른 사람을 위해 한 일이 성실했는가

　② 친구와의 교제에서 믿음을 지켰는가

　③ 스승에게 배운 것을 익혔는가

　④ 나라를 위해 많은 재산을 모았는가

3. 다음은 데카르트의 대표적인 명제야. 빈칸에 들어갈 말로 가장 적절한 것은?

> "나는 (㉠)한다. 그러므로 나는 (㉡)한다(Cogito ergo sum)."

4. 정약용은 "○○ 공부를 통해 자기 내면의 양심 소리를 듣고 반성해야 한다."고 말했어.
　○○ 안에 들어갈 알맞은 말은 무엇일까?

더 알고 싶어 119

📖 도서　▶ 영상　🔍 사이트

📖 **『하늘과 바람과 별과 시』** (윤동주, 소와다리, 2016)
우리나라에는 위대한 독립 운동가들이 많지. 그런데 우리가 그 시대에 태어났어도 뚝심있게 독립 운동을 할 수 있었을까? 윤동주 시인의 시를 읽으며 자신의 삶을 늘 성찰했던 시인의 삶의 궤적을 따라가 볼래?

▶ **영화 〈동주〉** 성찰하는 시를 많이 썼던 윤동주 시인의 이야기를 담은 영화야. 우리에게 낯선 흑백 영화라 보는 재미도 있을뿐더러 깊은 울림도 전해줘. 윤동주 시인의 삶에 대해 관심이 생겼다면 꼭 보기를 추천해.

어떤 공부가 좋은 공부일까?

동양 사상에서 말하는 올바른 공부

너희는 어떤 공부가 제대로 된 공부라고 생각해?
무조건 외우는 공부가 좋은 공부일까?
좋은 공부란 과연 무엇일까?

학습 키워드 #공자 #위기지학 #맹자 #존심양성 #순자 #화성기위 #이황 #경 #불교
교과 연계 초5~6 › 도덕 › 자신이 하고 싶은 일을 선택할 때 어떤 것을 고려해야 할까?
중 › 도덕2 › 옳고 그름을 어떻게 분별할 수 있을까?

올바른 공부의 길

영어나 수학에 관한 지식을 쌓는 것만이 공부의 전부는 아니야. 우리는 지식을 쌓는 공부 말고도 마음을 가꾸는 공부가 필요해. 동양의 사상가들은 특히 마음을 갈고닦는 공부, 즉 인격을 수양하는 공부를 강조했지.

공자는 도덕적 인격자로서의 '군자'를 양성하기 위해서는 '위기지학爲己之學'의 공부가 필요하다고 주장했어. 위기지학은 '자기완성을 추구하는 학문으로 자신을 도덕적으로 완성하고자 끊임없이 노력해야 한다.'는 뜻이야. 이와 반대되는 공부는 '위인지학爲人之學'의 공부로 '남을 위한 공부'를 말해. 얼핏 들으면 남을 위한 이타적인 공부로 오해하기 쉽지만, 이는 '성공이나 명예만을 추구하면서 타인에게 인정받기 위한 공부만 하는 것'을 뜻해.

성선설을 주장한 맹자는 수양의 원칙으로 '존심양성存心養性'을 제시했어. 존심양성이란 '마음을 보존하고 확충하여 본래의 선한 인간성을 실현하는 공부'를 말하지. 한편 성악설을 내세운 순자는 본래의 본성을 교화시키는 공부를 강조했어. 이 공부를 네 글자로 '화성기위化性起僞'라고 하는데, 이는 옛 성현의 가르침에 따라 '예禮'로서 끊임없이 갈고 닦아 본성을 변화시켜 선하게 만드는 걸 말해. 인간의 본성이 악하다고 생각한 순자는 예를 통한 교육을 강조했지.

퇴계 이황의 인격 수양법과 불교의 팔정도

퇴계 이황 역시 인격을 수양하는 공부를 강조했어. 이황은 아침에 잠에서 깨어 이부자리에서 일어나기 전에 마음을 고요히 하고 지나간 허물을 살피는 '경敬'의 자세를 매일 실천함으로써 학문과 삶을 하나로 완성한 엄청난 분이야. 그가 강조한 경은 하늘의 요소 이외에도 인간의 일체 잡념이 포함되지 않는 경건한 상태를 유지하는 것에 관심을 집중하는 수양법이지. 경 공부를 구체적으로 실천하는 방법은 이렇대.

첫째, '주일무적主一無適'은 정신을 집중하여 마음이 다른 데로 달아나지 않도록 항상 깨어 있어야 한다는 뜻이야.

둘째, '정제엄숙正齊嚴肅'은 외모나 마음을 다스려 가지런하고 엄숙하게 한다는 뜻으로, 바깥을 규제하여 내면을 기르는 실천 방법이지.

셋째, '상성성常惺惺'은 항상 경계하여 깨닫는 것, 마음이 항상 자각 상태에 있는 것으로 참된 지식을 획득하기 위한 기초라고 설명했어.

마지막으로 '기심수렴 불용일물其心收斂 不容一物'은 마음을 거두어들여 한 가지 사물도 용납하지 않는 걸 말해.

한편, 불교만의 공부법도 있는데 한번 같이 봐 볼래? 불교의 공부법을 이해하기 위해서는 불교에서 세상을 바라보는 방법을 알아야 해. 불교에서는 이 세상을 고통으로 바라보고 있어. 현실 세계의 모든 것이 고통이라는 '일체개고一切皆苦'를 말하는 거지. 따라서 불교에서는 고통의 원인을 제거하는 중도中道의 수행법을 강조했어. '팔정도八正道'에서는 아래와 같이 여덟 가지 길을 제시했단다.

1. **정견**(正見): 올바로 보라. 즉 내가 살고 있는 세계를 바로 보고, 고통의 원인을 바로 보아야 하며, '나'라는 존재, 자아의 실체는 없다는 것. 즉 무아(無我)라는 것을 바로 보아야 한다는 거야.

2. **정사**(正思): 올바로 생각하라. 탐욕을 뛰어넘고, 성냄이 없으며, 나쁜 생각을 하지 않는 생각을 해야 한다는 거야.

3. **정어**(正語): 올바른 말을 하라. 거짓말하지 말고, 이간질하지 말고, 욕설이나 험담을 하지 말고, 꾸며 낸 말을 하지 말라는 거야.

4. **정업**(正業): 올바른 행실을 하라. 살생하지 말고, 도둑질하지 말 것 등을 강조하는 거야.

5. **정명**(正命): 올바른 생활을 하라. 올바른 일을 하고, 올바른 직업을 가져 귀한 생명을 올바로 유지하라는 거야.

6. **정정진**(正精進): 끊임없이 노력하라. 열반을 향해 한결같이 충실하라는 거야. 열반은 불교에서 이루고자 하는 거지.

7. **정념**(正念): 올바른 관찰을 하라. 자신의 수행을 방해하는 것들을 돌아보고 가려내라는 거야.

8. **정정**(正定): 올바른 명상을 하라. 마음을 고요하게 하는 선정(禪定)과 지혜(智慧)에 이르도록 집중하라는 거야. 참고로 선정과 지혜는 불교의 수양법 중 일부야.

1. 다음 중 불교의 팔정도에 해당하지 않은 것으로 가장 적절한 것은?

① 정견   ② 정어   ③ 정의   ④ 정정   ⑤ 정정진

2. 다음 문장에서 괄호 안에 알맞은 말을 써 보자.

> 순자의 공부 방법은 ______________(이)라고 하며 본성이 악한 인간이 예를 통해 자신을 갈고닦아 선하게 되는 것을 말한다.

3. 공자가 말한 '위기지학(爲己之學)'의 공부는 어떤 공부일까?

① 남에게 인정받고 성공하기 위한 공부
② 시험 점수를 잘 받기 위한 공부
③ 자기 완성과 도덕적 성장을 위한 공부
④ 단순히 암기와 반복만 하는 공부

4. 너희가 생각하는 '좋은 공부'는 어떤 공부일까? 단순히 성적을 올리는 공부와 어떻게 다를까? 오늘 배운 공자·맹자·순자·이황·이이·불교의 가르침 중 내가 실천해 보고 싶은 공부 방법은 어떤 것인지 적어 보자.

더 알고 싶어 119

📖 도서   ▷ 영상   🔍 사이트

📖 『이토록 공부가 재미있어지는 순간』 (박성혁, 다산북스, 2020)
마음가짐 하나로 원하는 대학 모두에 합격한 작가가 썼다고 해. 자신의 경험을 진솔하게 담은 만큼, 이 책은 학습의 본질에 대해 돌아보게 해. '공부하고자 하는 단단한 마음', '공부의 재미'를 어떻게 느낄 수 있는지 현실적인 조언을 담은 책이야.

▷ 영화 〈4등〉
1등만 기억하는 잔인한 세상에서, 결과만을 중시하는 사회적 분위기를 비판하는 영화야. 수영을 하는 주인공의 이야기를 너희의 삶에 대입한다면 '나는 과연 무엇을 위해 노력하고 있는 걸까'에 대해 고민하게 해.

자신의 마음도 타인의 마음도 돌봐요, 상담 전문가

혹시 '오은영 박사님' 알고 있니? 정신적인 치료가 필요한 아이들에게 해결책을 건네 주는 의사 선생님이셔. 오은영 박사님과 비슷하게 타인의 마음을 돌봐 주는 일을 하는 직업이 있어. 대화나 상담을 통해 마음의 소리에 귀 기울여 주는 직업은 바로 상담 전문가야. 학교마다 위클래스Weeclass(학교 상담실)가 있을 텐데, 이곳에 계신 선생님이 같은 역할을 한단다.

타인의 마음속 이야기를 들어 주는 직업

우리는 1부에서 인간에 대해 살펴 봤어. 지금까지 우리는 인간의 행복과 마음의 평화에 대해 이야기했었는데, 이 부분과 관련이 깊은 직업이 바로 상담 전문가라는 직업이야. 상담 전문가는 말 그대로 '상담'을 통해 타인의 마음속 이야기를 들어 주는 직업이란다.

성격, 정서, 관계, 진로에 문제가 있거나 정신적으로 어려움을 겪고 있어서 이를 해결하고자 하는 사람에게 심리검사, 상담 프로그램 등을 활용해 그 문제를 해결할 수 있도록 지원하는 일을 하고 있지.

단순히 상담을 요청하는 사람(내담자)과 대화하며 문제를 알아보는 것으로 끝나지 않고, 필요하다면 표준화된 심리검사도 하고, 상담하면서 내담자의 내면을 심층적으로 탐색해 그 결과를 분석하기도 해. 아마 너희도 한 번쯤 심리검사를 해 본 적 있을 거야.

상담 전문가에게 받는 검사는 우리가 재미로 가끔 하는 심리 테스트나 MBTI 테스트를 전문화한 내용을 표준화한 심리검사라고 할 수 있어. (너희도 잘 알겠지만 친구들과 스마트폰으로 주로 하는 심리 테스트는 100% 믿으면 안 되는 거 알지?)

심리검사를 했으면 당연히 결과가 나오겠지? 상담 전문가는 그 결과를 분석한 다음에 그 결과를 토대로 개인 상담, 집단 상담, 자기 성장 프로그램, 대인관계 향상 프로그램 등의 다양한 방식을 통해 내담자에게 필요한 조언이나 앞으로의 바람직한 방향을 함께 찾아 주는 분들이야.

학교 상담실에서 상담을 받아 본 적 있니? 학교에서는 학생들을 대상으로 학교 외 생활에서 경험하는 다양한 문제들에 대해서 상담하고 있어.

상담 전문가가 되려면

상담 전문가는 상담사, 청소년 상담사, 상담 심리 전문가, 상담 심리사, 상담 교사 등 다양한 방면에서 활동할 수 있어. 상담 전문가라는 진로에 관심 있다면, 어떤 분야에 더 관심이 가는지 생각해 보고 세분화된 진로를 선택하면 될 것 같아.

상담 전문가가 되기 위한 관련 학과나 전공에는 어떤 것들이 있을까? 가장 대표적인 심리학과 외에도 가족복지과, 사회복지과, 사회복지상담과, 사회복지학과, 교육학과, 아동학과, 아동복지학과, 청소년지도학과, 아동복지과, 노인복지학과 등에서 상담에 대해 전문적으로 공부할 수 있어.

너희 중에 타인의 이야기를 들어주는 것을 좋아하고, 타인의 문제에 함께 고민하는 뛰어난 공감 능력을 지닌 친구가 있다면 상담 전문가라는 직업을 추천해 볼게!

2부
마음이 몽글몽글!
사랑, 삶, 감정에
대해 묻다

올바른 공부를 하면 어떤 사람이 될까?

동서양의 이상적인 인간의 모습

좋은 공부를 하면 좋은 사람이 되는 길에 가까워질 거야.
동서양의 사상가들이 말하는 바람직한 인간의 모습은 어떠한 모습일까?

학습 키워드　#공자 #군자 #맹자 #도가 #노자 #장자 #불교 #플라톤 #아리스토텔레스

교과 연계　초5~6 〉 도덕 〉 자주적으로 살아야 하는 이유는 무엇일까?
　　　　　　　중 〉 도덕1 〉 어떤 사람이 도덕적인 사람일까?

군자와 성인

올바르게 공부하면 올바른 사람이 되는 길에 가까워질 거야. 그렇다면 이상적인 인간성을 갖춘 올바른 사람이란 어떤 모습일까? 동서양 사상가들의 이야기를 참고해서 올바른 사람의 모습에 대해 알아보자.

유학의 이상적 인간상은 '군자君子'야. 군자는 어질고 올바르며 예의 바르고 지혜로운 덕, '인의예지仁義禮智'의 정신을 잘 실현하는 사람이지. 공자가 말하는 군자는 인과 예를 몸으로 실천해서 체득하기 위해 힘쓰는 사람인데 학문을 널리 익히고 예로써 그것을 실천하는 '박문약례博文約禮'의 수양법을 통해 이룰 수 있어.

공자는 인을 "자기를 이기고 예로 돌아가는 것"이라고 했고 "예가 아니면 보지도 말하지도 듣지도 행하지도 말라."고 했어. 성인은 '천인

합일(하늘의 뜻과 하나 되는 것)'에 도달한 인격 완성의 최고 경지를 말하지.

맹자의 이상적 인간상의 모습은 '성인'이야. 성인은 '대인, 대장부로서 선한 본성 위에 호연지기의 도덕적 기개를 갖춘 사람'을 말해. '호연지기浩然之氣'는 인간과 천의 관계에서 생긴 것으로 하늘과 합일된 인간의 기로서 정신적인 최고의 경지로 의로운 일을 실천하고 쌓는 등 도덕적 실천을 통해 길러지는 도덕적 신념의 기백(기개)을 뜻해. 참고로 맹자의 성인(대인)과 반대되는 인물은 욕구만을 따르는 '소인'이야. 속이 좁은 사람을 일컬어 소인배같다고 표현하는 걸 너희도 들어봤을걸.

도가와 불교의 이상적 인간상

도가의 이상적 인간상은 '지인至人, 신인神人, 천인天人'이야. 도가에서는 자연(=도)스러운 삶을 통해 인간다움을 찾아야 한다고 보았어. 자연스러운 삶이란 억지로 무엇을 하려고 하지 않고, 자연의 순리에 따라 물처럼 살아가는 무위의 삶을 뜻해. 도가의 이상적 인간상은 세속적인 생활을 초월해 자연과 하나가 되어 자연의 흐름에 따라 살아가는 사람이지.

도가의 대표적인 사상가였던 노자가 생각한 성인은 '자연성을 회복해 도를 자각한 사람'이었어. 성인의 삶은 도와 합일된 삶, 즉 무위자연하는 삶으로 자연 그대로의 질서를 따르는 '선인善人'을 말하지. 도와 합일된 삶의 모습이란 소박한 삶, 유약한 삶, 물과 같은 삶, 지식과 욕구에 지배되지 않는 삶이야.

이러한 노자의 사상을 계승했던 장자가 생각한 이상적 인간상은 '지인, 진인, 천인, 성인, 신인'이었어. 이들은 타고난 본성 그대로 살아가는 이상적 인간의 경지를 뜻해. 또한 세속에서 살아가지만 세속에 속박당하지 않고 자신의 자유를 추구하는 태도를 취하지. 장자는 특히 경계가 사라지고 시비를 넘어선 이상적인 경지를 강조했어.

불교의 이상적 인간상 중 하나는 '보살'이야. 보살은 '보리(깨달음) 살타(중생)'의 줄임말로 '나와 다른 사람(생명)은 본질적으로 둘이 아니라는 정신에 따라 위로는 깨달음을 추구하고上求菩提(상구보리), 아래로는 중생을 구제下化衆生(하화중생)하는 사람'을 말해. 자신이 깨달았다고 끝나는 게 아니라 고통받고 있는 일반 사람들을 도와줘야 한다는 거지. 이처럼 불교에서는 '자비'라는 큰 사랑을 베풀자고 강조하고 있어.

서양의 이상적 인간상

고대 그리스 철학에서는 '자신의 이성적 능력을 최대한 발휘하여 살아가는 사람'을 이상적 인간이라고 보았어. 특히 플라톤은 인간의 영혼이 이성, 기개, 욕망으로 구성되어 있다고 보고, 이성을 통해 기개와 욕망을 지배하고 조절해야 한다고 주장했지.

아리스토텔레스도 이상적 인간이 누리는 가장 완벽한 '행복'의 상태를 설명했어. 아리스토텔레스에 따르면 가장 완전한 탁월성에 따른 영혼의 활동은 지성, 관조적 활동, 행복, 철학적 지혜를 따르는 활동에서만 성립될 수 있어. 그리고 이는 순수하고 완전한 최상의 즐거움이지. 이러한 행복을 누리는 이상적 인간은 전 생애에 걸쳐 행복할 수 있어.

한편, 그리스도교에서는 '사랑을 실천하는 사람'을 이상적 인간이라고 생각했어. 그리스도교의 입장은 "네 이웃을 네 몸과 같이 사랑하라." 라는 가르침에 잘 나타나 있지. 그리스도교에서는 자신을 희생하더라도 타인에게 무조건적으로 베푸는 사랑을 강조했고, 이러한 사랑을 실천하는 사람이 바로 이상적 인간의 모습이라고 보았어. 너희가 꿈꾸는 완벽한 인간의 모습은 어떤 모습이야?

1. 다음 빈칸에 알맞을 말을 써 보자.

> 맹자가 말한 '호연지기'란 ______________(와)과 하나가 될 때 가장 이상적이라고
> 하며, 꾸준한 ______________(을)를 통해 길러지는 도덕적 신념의 기개를 말한다.

2. 아래 설명과 알맞은 인물을 연결해 보자.

(가) 호연지기를 길러 성인의 경지에 이른 사람 •　　　•(A) 노자

(나) 자연과 하나 되어 무위자연으로 살아가는 사람 •　　　•(B) 장자

(다) 모든 차별이 소멸된 정신적 자유의 경지에 오른 사람 •　　　•(C) 그리스도교

(라) 사랑을 베풀며 네 이웃을 네 몸처럼 사랑하는 사람 •　　　•(D) 맹자

3. 플라톤의 이상적 인간의 모습을 설명해 보자.

4. 지금까지 배운 사상을 참고해서 자신만의 이상적 인간이 갖추어야 할 모습을 써 보자.

👍 더 알고 싶어 119   📖 도서 ▶ 영상 🔍 사이트

📖 『10대를 위한 인성 수업』(이충호, 하늘아래, 2024)
가치관의 정립은 미래 인생을 좌우하는 열쇠가 되지. 이 책은 가치관을 정립하는 데 꼭 담아야
할 행복에 관한 안내서야. 어떻게 살아가는 것이 옳은 것인지를 깨우쳐 주고, 세상과 당당히 싸
워 이겨 나가도록 삶의 의욕과 용기를 북돋워 줄거야.

▶ 영화 〈캡틴 아메리카〉
연약한 개인이었던 하나의 존재가 정의와 희생이라는 보편적인 이상을 구현하기까지. 영화 속
에서 구현된 영웅의 모습을 한번 만나 볼래? 재미로만 느껴졌던 영화가 때로는 많은 교훈을 주
기도 해.

우리는
무엇을 위해 살까?

궁극적인 삶의 목적인 '행복'이란 무엇일까?

삶을 그냥 흘러가는 대로 살면 시간도 그저 흘러갈 거야.
그렇게 살다가 언젠가 삶의 끝에 다가갔을 때 내가 원하는 삶을 살았다고 자신할 수 있을까?
너희는 무엇을 위해 사는 것 같니?

학습 키워드 #행복 #플라톤 #아리스토텔레스 #스토아학파 #에피쿠로스학파 #아우구스티누스
교과 연계 초5~6〉도덕 〉자주적으로 살아야 하는 이유는 무엇일까?
중 〉도덕1 〉행복이란 무엇일까?

행복이란 무엇일까?

사람들이 삶의 목표를 세우고 그 목표를 이루기 위해 열심히 노력하는 건 결국 '행복'하기 위해서일 거야. 행복은 '즐거움, 만족감을 느끼는 상태'를 말해. 행복에 대해 동서양의 사상가들은 어떤 이야기를 남겼을까?

플라톤에게 있어 행복한 사람이란 '덕 있는 사람, 영혼이 건강한 사람, 정의로운 영혼'과 같은 말이야. 그가 생각한 행복은 '이상 국가의 각 계층이 자신의 역할에 충실한 것처럼 영혼의 각 부분이 자신의 역할을 훌륭히 발휘해 전체적으로 조화를 이루고 있는 상태'였어.

아리스토텔레스는 행복은 최고선이자 최상의 좋음이며, '가장 완전한 탁월성에 따른 영혼의 활동'으로 자기가 가진 가능성을 충분하게 실현할 때 가능하다고 생각했어. 이는 인간 고유의 기능인 이성의 탁월한

발휘(=철학적 지혜)를 통해 가능하고, 이성을 포함한 인간의 모든 기능을 탁월하게 수행함으로써 얻어진다고 보았지. 여기서 말한 탁월함이 바로 '덕arete'이야.

헬레니즘 시대의 스토아 학파에서는 '이성을 따르는 삶=자연을 따르는 삶=덕 있는 삶=행복한 삶'이라고 생각했어. 이는 행복은 인간의 최고선이고, 행복한 삶은 모든 사람이 지향하는 인생의 궁극적인 목적이라는 아리스토텔레스의 입장과도 같은 맥락이야. 스토아 학파가 말하는 행복은 '정념이 없는 부동심apatheia(아파테이아)의 상태'를 말해. 여기서 정념은 감정에 따른 생각인데, 정념을 제거하면 감정이나 생각 등 어떠한 외부 자극에도 흔들리지 않아.

에피쿠로스 학파는 기본적으로 쾌락주의 사상을 바탕으로 하기에 쾌락을 통해 얻는 행복을 강조했어. 에피쿠로스는 '마음의 불안이 없고 육체(몸)에 고통이 없을 때 느끼는 고요하고 평온한 상태, 영혼의 평정 상태ataraxia(평정심, 아타락시아)로서의 정신적·지속적 쾌락'을 참된 쾌락 행복이라고 여겼대. 에피쿠로스가 말하는 행복을 이루기 위해서는 자연적이고 필수적인 욕구만 채우며, 욕심을 줄이고 자족하는 소박한 삶, 공적인 삶으로부터 거리를 둔 소박하고 자족적인 삶을 실천해야 해.

중세 기독교 철학자인 아우구스티누스에 따르면 가장 완벽하고 선한 존재인 신을 사랑할 때, 그리고 영원하고 완전한 존재인 신과 하나가 될 때 완전한 행복의 상태를 누릴 수 있대. 한편 아퀴나스에게 행복은 인간의 최고선이고 인간 자신의 완성에 도달해 신의 계획을 완성하는 것이었어. 이러한 행복은 신과 하나가 되고 신이 가진 무한한 선을 향유하고 있는 상태를 말해. 따라서 행복은 신의 은총과 그것에 의해 주어지는 믿음·소망·사랑이라는 종교적 덕의 성취를 통해 가능하다고 생각했지.

동양에서 생각한 행복

　한편 동양의 사상가들은 행복에 대해 직접적으로 정의하지는 않았어. 그럼에도 우리는 그들의 사상에서 '행복'에 관한 관점을 찾을 수 있지. 공자는 사람을 사랑하는 마음, 즉 인仁을 실천할 때 행복할 수 있다고 보았어. 노자와 장자는 우주 만물은 각기 나름의 본성을 가지고 있으며 각자의 본성이 충분히 발휘될 때 행복한 상태에 이를 수 있다고 생각했지. 단, '하려고 하지 않음', 무위無爲에 따른 활동이어야 한다고 보았어.

　석가모니에서 시작된 불교에서는 행복은 헛된 욕심과 집착을 버리고 남에게 '자비'를 베풀 때 얻어진다고 생각했어. 자비에서 자慈는 '사랑하는 마음을 가지고 중생에게 즐거움을 주는 것'이고, 비悲는 '불쌍히 여기는 마음을 가지고 중생의 고통을 없애 주는 것'을 말해.

　불교에서는 현실의 고통에서 벗어나 타인을 위해 기꺼이 손을 내밀 때 행복할 수 있다고 봤어. 철학자들이 행복에 대해 이야기할 때 공통점이 한 가지 있어. 그들은 우리가 진정으로 행복하기 위해서는 '내면의 평화'가 중요하다고 강조했지. 대신 자신이 원하는 것을 위해 노력할 때 얻는 보람이나 다른 사람들과 함께할 때 얻는 뿌듯함 등을 통해 행복에 도달할 수 있을 거라고 봤어. 우리도 이렇게 살아간다면 진정한 행복에 다가설 수 있지 않을까?

1. 철학자가 학생들에게 보내는 짧은 편지를 읽고 누가 보낸 것인지 맞혀 보자.

   (1) 사랑하는 제자여, 욕심을 줄이고 자연스러운 흐름을 따르면 마음이 편안해질 거라고 믿네.

   →

   (2) 그대의 영혼이 정의롭고 조화로울 때 진짜 행복을 누릴 수 있네.

   →

   (3) 네가 가진 이성으로 감정을 다스릴 때 흔들리지 않는 평화를 얻을 수 있단다.

   →

2. 아래 행복 캐릭터와 철학자를 연결해 보자.

   > **행복 캐릭터**
   >
   > ① 덕의 모험가 : 자신의 가능성을 발휘하며 이성적으로 탁월함을 추구하는 사람
   >
   > ② 사랑의 수호자 : 신과 하나 되어 영원한 사랑과 믿음을 실천하는 사람
   >
   > ③ 자비의 천사 : 욕심을 버리고 고통받는 사람을 도우며 즐거움을 나누는 사람
   >
   > **철학자 후보**   A. 아리스토텔레스   B. 석가모니   C. 아우구스티누스

3. 너희가 행복할 때는 언제니? 행복했던 3가지 순간을 떠올려 보자.

👍 더 알고 싶어 119   📖 도서   ▷ 영상   🔍 사이트

📖 **『꾸뻬 씨의 행복 여행』** (프랑수아 를로르, 오래된미래, 2004)

이 책은 행복을 찾기 위해 떠난 꾸뻬 씨의 여정을 통해 진짜 행복의 의미를 묻는 이야기야. 많은 사람이 더 많은 것을 원하지만, 행복은 스스로를 이해하고 세상과 조화롭게 어울릴 때 찾아온다는 메시지를 전하지. 결국 행복이란 멀리 있는 것이 아니라, 지금의 나를 돌아보는 마음에서 시작된다는 걸 깨닫게 해 주는 책이야.

▷ **영화 〈소울〉**

이 영화는 단순히 하고 싶은 일을 하라는 진부한 주제를 이야기하는 게 아니야. 비록 우리가 삶에 권태를 느낄지라도 순간순간 소중한 삶 그 자체에 대해 많은 고민을 하게 하지. 귀여운 캐릭터와 함께하는 진지한 생각이랄까나.

마음을 어떻게 다스릴 수 있을까?

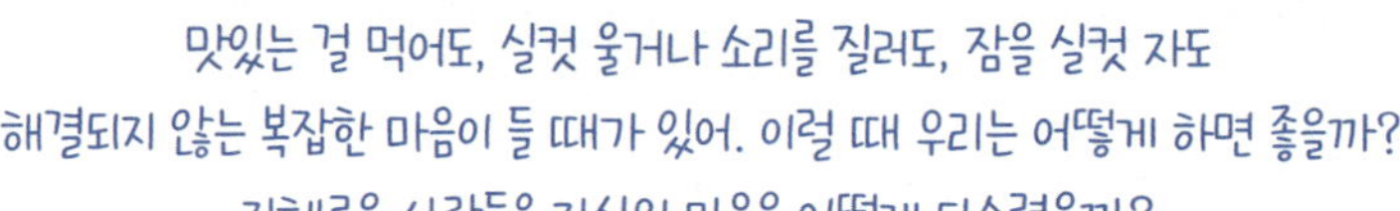

맛있는 걸 먹어도, 실컷 울거나 소리를 질러도, 잠을 실컷 자도
해결되지 않는 복잡한 마음이 들 때가 있어. 이럴 때 우리는 어떻게 하면 좋을까?
지혜로운 사람들은 자신의 마음을 어떻게 다스렸을까?

학습 키워드　#마음의평화　#유학　#이이　#에피쿠로스학파　#스토아학파　#쇼펜하우어
교과 연계　중 〉 도덕2 〉 마음의 평화를 어떻게 이룰 수 있을까?

지혜로운 사람들이 마음을 다스리는 법

머릿속이 복잡하면 일상을 살아가기 힘들 거야. 이럴 때는 어떻게 하면 좋을까? 지혜로운 사람들은 이럴 때 어떻게 마음을 다스렸을까?

유학(유교)에서는 '도덕적 인격자 완성'을 목표로 자기 수양을 강조했어. 인격자가 되려고 수양을 하면 마음을 다스릴 수 있다고 생각했던 거지. 자기 수양을 하면서 인격 완성을 위해 노력한다면 사사로운 욕심을 없앨 수 있을 뿐만 아니라 자신의 마음을 돌아보면서 '마음의 평화'도 얻을 수 있을 거야.

이이는 사사로운 욕망을 극복해 '선한 도덕적 본성'을 드러내게 하는 것을 수양의 목표로 삼았어. 이를 위해 이이는 경敬의 실천을 통해 마음의 사사로움과 바르지 못함을 없애 본래의 선한 도덕적 본성에 이를

것을 강조했지. 그는 몸가짐을 삼가 바르게 수렴하는 것, 말을 삼가 바르게 수렴하는 것, 마음을 삼가 바르게 수렴하는 것으로 경의 자세를 나누어 설명했어. 특히 지속적인 도덕적 실천을 중요하게 생각했지.

불교에서는 세상의 모든 것을 고통이라고 생각했어. 인간이 이렇게 고통스러운 이유는 바로 '헛된 욕심' 때문이야. 따라서 불교에서는 헛된 욕심을 버리려면 자신을 포함해 모든 것에 대한 이기적인 집착을 버리고 '자비'로운 자세로 남에게 베풀고 봉사하는 삶을 살아야 한다고 강조했어. 보답을 바라지 않고 자비를 베푼다면 평범한 중생이라도 깨달음을 얻어 마음이 평화로워질 거라고 생각한 거지.

도가 사상에서는 내면의 수양을 통해 마음을 다스림으로써 평화에 도달할 수 있어. 도가의 대표적인 사상가인 노자와 장자는 세속적인 욕구나 인위적인 가치 및 분별에서 벗어나 '도'나 '자연'에 따르는 삶을 살아야 한다고 주장했지. 특히 노자는 '허정虛靜'에 힘써야 한다고 강조했는데, 허정은 '마음속에 있는 인위적인 모든 것을 비워 낸 본래 마음 상태'를 말해. 노자는 마치 더러워진 거울의 때를 닦는 것처럼 무위와 무욕의 자세로 살아가야 한다고 보았어.

한편 장자는 도의 관점에서 사물을 인식할 때 만물의 소중함과 평등함을 깨우칠 수 있고, 자유롭고 평화로운 이상적인 삶을 살아갈 수 있다고 생각했지.

마음의 평화를 얻으려면

서양의 사상가들도 마음의 평화, 내면의 안정을 유지하기 위한 다양한 방법을 제안했어. '쾌락'을 추구한 에피쿠로스 학파는 참된 쾌락을 추구해야 마음을 다스릴 수 있다고 생각했지. 그들이 생각한 참된 쾌락은 '마음의 불안과 육체의 고통이 없는 상태인 영혼의 평정 상태(아타락시아)'였어. 따라서 그들은 참된 쾌락이 무엇인지 알 수 있는 지혜를 갖추고, 자연적이고 필수적인 욕구만을 충족하는 검소한 삶(소박하고 자족적인 삶)을 살아야 한다고 주장했지.

스토아 학파가 말하는 행복은 '정념(감정)이 없는 부동심apatheia(아파테이아)의 상태', '어떠한 것에도 흔들리지 않는 마음의 상태'야. 이는 감정이나 욕망을 절제하고 철저하게 이성에 따를 때 가능하지.

스토아 학파에 따르면 자연 안에서 일어나는 모든 일은 이미 신에 의해 운명 지어져 있다고 해. 왜냐하면 자신의 몸이나 소유물, 지위 등 외적 조건이나 자신에게 일어나는 상황은 신으로부터 주어진 것이기 때문이야. 이미 주어진 것에 불과하기에 바꿀 수도 없고 바꿀 필요도 없어. 우리가 바꿀 수 있는 것은 단지 생각, 충동, 욕구, 감정 등 마음과 관련된 것뿐이지. 자신에게 주어진 상황과 조건을 변화시키기보다는 그것을 자신의 운명으로 받아들임으로써 부동심에 이를 수 있는 거야. 부동심을 유지하는 삶, 이성에 따르는 삶을 살아갈 때 마음이 안정되고 평온해지는 거지. 스토아 학파의 에픽테토스는 "우리가 겪는 대부분의 부정적인 사건과 감정들은 특정 사물에 대한 우리의 그릇된 관념(지나친 기대, 맹신, 편견 등) 때문이다."라는 명언을 남겼어.

삶은 고통과 욕망으로 가득하다고 생각했던 쇼펜하우어라는 철학자도 있었어. 그는 고통을 제거한다면 우리 마음이 안정을 찾을 수 있을 거라고 생각했지. 그래서 그가 마음의 평화를 얻기 위해 선택한 방법은 금욕(욕구 충족을 위한 행동을 금지하는 것)의 수행을 통해 고통에서 벗어나 완전한 내적 평화와 진정한 자유를 찾는 것이었다고 해.

1. 다음 글을 읽고 O, X를 표시해 보자.

> - 스토아 학파는 감정을 절제하지 않고 마음이 시키는 대로 따르는 삶을 강조했
>   다. (　　　)
> - 불교에서는 헛된 욕심을 버리고 자비를 베풀어야 마음의 평화를 얻는다고 보았
>   다. (　　　)
> - 노자의 허정은 인위적인 마음을 비우고 본래의 상태로 돌아가는 것을 의미한
>   다. (　　　)

2. 방법 카드와 사상가 카드를 알맞게 짝지어 보자.

(가) 경 공부　·　　　　　　　·(A) 스토아 학파

(나) 자비로운 삶　·　　　　　·(B) 이이

(다) 허정(虛靜)　·　　　　　·(C) 에피쿠로스 학파

(라) 평정심　·　　　　　　·(D) 불교

(마) 부동심　·　　　　　　·(E) 노자

3. 스토아 학파는 자연의 필연적 법칙과 질서에 순응할 것을 강조하는데, 여기서 인간이 흔들리지 않는 마음에 도달할 수 있는 방법에 대해 써 보자.

 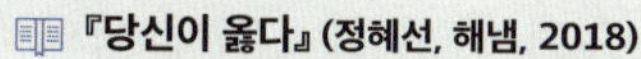

더 알고 싶어 119　　　📖 도서　▷ 영상　🔍 사이트

📖 『당신이 옳다』 (정혜신, 해냄, 2018)
이 책은 마음이 아프거나 속상할 때, 어떻게 하면 스스로 마음을 돌볼 수 있는지를 알려 줘. 의사인 정혜신 선생님은 힘든 일을 겪은 사람들을 만나면서, '공감'이 사람의 마음을 살리는 가장 큰 힘이라는 걸 깨달았대. 친구의 이야기를 잘 들어 주고, 내 마음도 소중히 여기는 연습을 통해 서로를 따뜻하게 도와줄 수 있다는 걸 알려 주는 책이야.

▷ 영화 〈원더〉
남들과 다른 얼굴을 가진 소년 '어기'의 학교생활 이야기야. 처음에는 친구들의 시선이 무섭고 상처도 받아. (마음이 아프지.) 친구들과 어기와의 교류를 통해 어기와 친구들은 단단하게 성장하게 되지. 이 영화는 마음의 아름다움이 더 중요하다는 걸 보여 주면서 서로를 존중하고 용기 내는 법을 알려 주는 감동적인 작품이야.

모든 사람은 죽는다

인간은 단 한 명도 예외 없이 죽음을 맞이하게 돼.
우리가 아무리 영원한 삶을 갈망한다고 해도 우리 삶에 끝은 찾아오기 마련이지.
아직은 먼 일 같지만 언젠가 우리 모두에게 찾아올 '죽음'에 대해 어떻게 생각해야 할까?

학습 키워드　#죽음 #도가 #장자 #에피쿠로스학파 #스토아학파 #아우구스티누스 #하이데거
교과 연계　중 > 도덕2 > 삶과 죽음의 의미는 무엇일까?

동양의 죽음에 대한 생각

공자는 죽음을 '알 수 없는 것'이라고 생각했어. "지금의 삶도 알지 못하는데 어떻게 죽음을 알 수 있겠는가?"라고 말했지. 이는 죽음에 대한 두려움을 버리고 올바르게 살아가는 것이 더 중요하다는 것을 우리에게 말해 주고 있어.

불교에서 죽음은 '다음 생을 준비하는 과정'이야. 불교에서는 '윤회'가 있다고 믿고 있어. 윤회란 '생명이 태어나 늙고 병들었다가 죽는^{生老病死,생로병사} 과정이 계속 반복되는 것'을 뜻해. 윤회 과정에서 현재 삶의 행동과 마음 상태가 다음 생으로 이어진다고 봐서 인간의 선행과 악행이 죽음 이후의 삶을 결정하게 된다고 생각했지.

도가에서는 죽음이 '자연적인 현상이니까 슬퍼하거나 우울할 필요

가 없다.'고 생각했어. 장자는 죽음을 삶의 자연스러운 과정으로 받아들이며, 두려워하지 않고 오히려 환영해야 한다고 주장했지. 우리가 죽음에 대한 고통과 두려움을 떨쳐 버리고 자연스럽게 죽음을 받아들일 때 오히려 삶을 더욱 풍요롭게 살아갈 수 있다고 말했어.

서양의 죽음에 대한 생각

'육체'보다 '정신', '영혼'을 더 중시했던 플라톤은 육체를 순수한 인식을 불가능하게 하는 감옥처럼 생각했어. 따라서 죽음을 육체로부터 해방되어 영혼의 세계, 이상적인 영원불변한 이데아의 세계로 나아가는 것으로 보았지.

평정심을 주장했던 에피쿠로스는 세상의 모든 것들이 원자들의 집합으로 이루어져 있다고 생각했어. 그런 관점에서 죽음은 몸을 이루는 원자들이 흩어지는 일 그 이상도 이하도 아니었기에 죽음을 두려워할 필요가 없다고 생각했지.

부동심을 주장했던 스토아 학파는 모든 것이 신에 의해 운명 지어진다고 생각했어. 죽음은 우리가 피할 수 없는 필연적인 사건이니까 우리는 죽음이라는 필연성에 순응해야 한다고 봤지. 우리가 죽음에 대해 두려워하고 공포를 느끼는 건 우리 자신의 판단에 불과하다는 거야.

그리스도교의 아우구스티누스는 죽음은 하늘나라로 가는 과정이라고 생각했어. 완전한 행복이란 오직 내세(하늘나라)에서 신의 은총을 통해 신과 하나가 될 때만 가능하기 때문에 죽음은 영원한 신의 세계로 가는 과정에 있다는 거지.

철학자 베이컨은 죽음 자체보다는 죽음에 이르는 과정이나 이를 둘러싼 분위기가 더 죽음을 두렵게 만든다고 했어.

독일의 철학자 하이데거는 '죽음으로의 선구'를 말했어. 모든 생물은 죽음을 맞이하지만, 인간이 동물과 다른 점은 인간은 자신이 죽는다는 사실을 알면서 살아가는 존재라는 거야. 인간은 언젠가 모두 죽는다는 삶의 끝, 유한성을 자각하기에 삶의 의미를 추구하며 삶을 만들어 나가는 존재라는 거지. 하이데거는 언젠가 모두 죽는다는 사실을 기억하고 죽음을 외면하지 않는다면, 이러한 죽음에 대한 자각이 삶의 의미와 가치를 깊이 성찰하게 만들어서 더욱 의미 있고 가치 있는 삶을 살게 한다고 생각했어.

지금까지 죽음에 대한 여러 철학적 입장을 살펴보았어. 모두가 죽음 이후의 세상을 인정하든 그렇지 않든, 죽음에 대한 자각을 통해 현재의 삶에 충실하라고 말하고 있어. "그대가 헛되이 보낸 오늘은 어제 죽어간 이가 그토록 바라던 내일이다." 그리스의 비극 시인인 소포클레스가 남긴 명언이야. 우리 모두 현재를 열심히 살아 보자.

1. 공자가 죽음에 대해 강조한 것은 무엇일까?

① 죽음을 철저히 준비해야 한다.

② 죽음은 알 수 없으니 삶을 더 잘 살아야 한다.

③ 죽음을 통해 영혼이 해방된다.

④ 죽음을 피하려고 노력해야 한다.

2. 다음 중 동서양의 사상가들이 말하는 죽음에 대한 입장으로 적절하지 않은 것은?

① 불교에서는 죽음은 다음 생을 준비하는 과정이라고 말한다.

② 에피쿠로스 학파는 죽음 이후의 세상, 내세가 존재한다고 말한다.

③ 스토아 학파는 죽음이라는 필연성에 순응해야 한다고 말한다.

④ 아우구스티누스는 죽음을 하늘나라로 가는 과정이라고 설명한다.

3. 소포클레스의 명언에서 빈칸을 채워 보자.

> 그대가 헛되이 보낸 _______________ (은)는
>
> 어제 죽어간 이가 그토록 바라던 _____________(이)다.

4. 죽음에 대한 철학자들의 생각을 바탕으로 네가 지금 더 충실히 살고 싶은 이유를 적어 보자.

- -

- -

- -

- -

더 알고 싶어 119

📖 도서   ▷ 영상   🔍 사이트

📖 『죽음에 관하여』 (시니, 허노, 영컴, 2013)

죽음은 비록 아직 머나먼 이야기라고 느낄테고 때로는 죽음이라는 단어가 무섭겠지만 언젠가 우리가 다 만나게 될 이야기야. 낯설고도 무서운 이야기를 만화로 읽을 수 있어.

▷ 영화 〈코코〉

죽음이 무섭니? 그렇다면 영화 코코를 봐. 흥겨운 음악과 귀여운 캐릭터는 기본이고, 내용 속에 가족들 간의 사랑, 꿈을 향한 열정들이 더해져 화려한 저승 세계를 엿볼 수 있을걸?

스스로 목숨을 끊는 것은 옳은 행동일까?

자살에 대한 사상가들의 입장

우리나라는 자살률이 높은 국가라는 오명을 쓰고 있어.
자신의 생명을 자기 마음대로 포기해도 괜찮은 걸까?

학습 키워드　#자살 #유교 #불교 #그리스도교 #칸트 #쇼펜하우어
교과 연계　중 > 도덕2 > 삶과 죽음의 의미는 무엇일까?

자살에 대한 생각

우리는 누구나 평등하게 죽음을 맞이해. 나이가 들어서 자연스럽게 죽을 수도 있고 질병이나 사고 때문에 갑작스럽게 죽음이 찾아오기도 하지. 그런데 자신의 자유의지로 죽음을 선택하는 경우가 있어. 가장 대표적인 예가 '자살'이야.

자살은 생명을 훼손하고, 자아실현의 가능성을 차단할 뿐만 아니라 주변 사람에게 고통과 슬픔을 주는 등 사회에 부정적인 영향을 끼치는 윤리적인 문제 때문에 도덕적으로 옳지 못한 행동이라고 여겨지고 있어. 전 세계 사상가들의 입장도 마찬가지야.

'신체발부 수지부모'라는 말은 많이 들어 봤을 거야. 유교에서는 부모로부터 받은 신체를 훼손하지 않는 것이 효의 시작이기에 자신이 원한

다고 해서 생명을 포기하면 안 된다고 했어.

그리스도교에서도 신으로부터 부여받은 생명을 스스로 끊을 수 없다고 말했어. 특히 그리스도인으로서 반드시 지켜야 할 십계명에는 '살인하지 말라'는 계명이 있을 정도야. 스스로를 죽이는 '자살'은 하나님과의 약속을 깬 거라고 본 거지. 특히 아퀴나스는 자살이 자신을 보존하려는 자연적 성향을 거스르는 부당한 행위라고 생각했어.

불교에서도 비슷한 맥락으로 자살에 반대하고 있어. '생명을 죽여서는 안 된다.'라는 '불살생'의 계율로 생명을 해치는 것을 금하고 있지.

철학자들이 바라본 자살

인간을 수단으로 이용하는 것이 아닌 목적으로 대우할 것을 강조하는 칸트도 자살에 반대했어. 왜냐하면 자살은 인간의 인격을 수단으로 이용하는 것이기 때문이야. 칸트는 고통스러운 상황에서 벗어나려고 자신의 목숨을 끊는 것은 인간을 한낱 '고통 완화의 수단'으로 이용하는 옳지 못한 행동이라고 비판했어.

쇼펜하우어는 '자살은 문제를 해결하는 것이 아니라 회피하는 것'이라고 생각했어. 자신에게 주어진 단 한 번뿐인 삶을 인위적으로 종결시킴으로써 문제를 해결하려는 것은 자신의 능력을 발휘할 가능성을 파괴하는 것이라고 설명했지.

아리스토텔레스는 『니코마코스 윤리학』에서 "자살은 올바른 이치에 어긋나는 행위이며 공동체polis에 대한 부정의한 행위이다."라고 말했어.

자살에 대해 생각한 적이 있거나, 자살이 개인의 자유에 불과하다고 여겼다면, 혹은 너무 힘들어서 자살을 생각한 사람이 있다면 철학자들의 견해를 한번 살펴보고 다시 한번 고민해 봤으면 좋겠어.

　우리나라에는 자살을 생각할 정도로 힘들어하는 사람들을 돕기 위한 여러 제도들이 있어.

　'생명의 전화'라고 불리는 전화 상담 창구는 24시간 내내 자살 위기에 처한 사람들이나 우울증으로 고통받는 이들에게 도움을 주고 있어. 언제든 도움이 필요한 순간이 오면 전화 걸어 봐. (자살 예방 전화 1393)

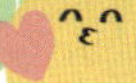

1. 친구가 "너무 힘들어서 그냥 포기하고 싶어."라고 말했어. 어떤 대답이 바람직할까?

   ① 네 자유니까 하고 싶은 대로 해.

   ② 죽음은 자연스러운 과정이니 그냥 받아들여.

   ③ 너의 삶은 너뿐 아니라 가족과 공동체에게도 소중해. 내가 같이 도와줄게.

   ④ 고통을 끝내려면 빨리 결정하는 게 나아.

2. 두 가지 물음에 답해 보자.

   (1) 자살 예방 상담 전화:

   (2) 도움이 필요한 친구를 보았다면 어떤 행동을 해야 할까?

   ____

   ____

3. 다음 문장 중 마음에 새기고 싶은 것에 체크해 보자.

   ☐ 내 생명은 나만의 것이 아니라 가족과 친구에게도 소중하다.

   ☐ 힘들 때 도움을 요청하는 것은 부끄러운 일이 아니라 용기 있는 행동이다.

   ☐ 완벽하지 않아도 괜찮다. 지금의 나도 충분히 소중하다.

   ☐ 어려움은 영원히 지속되지 않는다. 반드시 변할 수 있다.

4. 힘들 때 내가 바로 할 수 있는 행동을 적어 보자.

   내가 가장 먼저 연락할 수 있는 사람:

   마음이 힘들 때 내가 해 볼 수 있는 활동:

   ____

더 알고 싶어 119

📖 도서　▶ 영상　🔍 사이트

📖 『살고 싶다는 농담』 (허지웅, 웅진지식하우스, 2020)

아픔과 불행 속에서도 끝까지 버티며 살아가려는 사람들에게 전하는 위로의 글이야. 누구나 힘든 순간이 물론 있지, 그 속에서도 스스로 삶의 방향을 찾아 나갈 수 있다는 용기를 전해 줘. "힘들 때 포기하지 않고 내 마음을 스스로 다독이는 연습"을 알려 주는 어른의 조언 같은 책이야.

▶ 영화 〈오베라는 남자〉

정리해고에 아내의 죽음까지 더해져 '오베'라는 남자는 아내를 따라가려고 해. 마침내 계획을 실행하려고 하는데 이웃들이 그의 계획을 방해하고 그의 삶은 완전히 달라져 버려. 어떻게 달라질까? (동명의 책도 있으니 관심 있다면 읽어 보는 것을 추천!)

설렘만이 사랑일까?

사랑의 의미와 종류

'설렘'과 '두근거림' 같은 단어만 봐도 심장이 뛰는 것 같아.
그런데 '설렘'을 느끼게 하는 것만이 사랑일까?
사랑의 종류에는 어떤 것들이 있을까?

학습 키워드   #사랑 #에로스 #필리아 #아가페 #스턴버그 #사랑의삼각형

교과 연계   초5~6 〉 도덕 〉 서로의 다름을 존중해야 하는 이유는 무엇일까?
중 〉 도덕2 〉 성(性)의 도덕적 의미는 무엇일까?

사랑에 관한 명언

다음 내용은 어떤 단어를 가리키는 말일까?

1. 어떤 사람이나 존재를 몹시 아끼고 귀중히 여기는 마음 또는 그런 일

2. 어떤 사물이나 대상을 아끼고 소중히 여기거나 즐기는 마음 또는 그런 일

3. 남을 이해하고 돕는 마음 또는 그런 일

바로 '사랑'이야. 사랑이라는 단어를 읽기만 해도 왠지 기분이 좋아지지 않아? 사랑은 어떤 이들에게는 심장이 두근거릴 정도로 마음 설레는 단어일 거야. 사랑의 숭고함에 관한 명언도 정말 많아.

"타인을 위해서 스스로를 희생할 수 있는 것이 바로 사랑이다. 당신이 수단이 되고 타인이 목적이 될 때 이것이 바로 사랑이며, 당신이 목적이고 타인이 수단으로 이용될 때 이것은 욕망이다." - 라즈니쉬

"지혜가 깊은 사람은 자기에게 무슨 이익이 있어서 사랑하는 것이 아니다. 사랑한다는 것 그 자체에서 행복을 느끼기에 사랑하는 것이다" - 파스칼

"한 사람의 인간이 최고의 사랑을 성취한다면 그것은 수백만 사람들의 미움을 해소하는 데 충분하다." - 간디

"타인을 자기 자신처럼 존경할 수 있고, 자기가 하고 싶다고 생각하는 것을 타인에게 할 수 있다면, 그 사람은 참된 사랑을 알고 있는 사람이다." - 괴테

"사람을 사랑하되 그가 나를 사랑하지 않거든 나의 사랑에 부족함이 없는가 살펴보라. 행함이 있으되 얻는 것이 없으면, 모든 것에 대한 나 자신을 반성하라." - 맹자

사랑의 삼각형

사랑의 대상에 따라 사랑의 형태를 일컫는 용어가 다르다는 거 알고 있어? 정열적인 사랑은 '에로스eros', 친구나 동료에 대한 사랑은 '필리아philia', 조건 없이 베푸는 희생적 사랑은 '아가페agape'라고 하지. 또 '마니아mania'는 상대방을 소유하려고 하는 광적인 사랑을 말해.

미국의 심리학자 스턴버그는 사랑이 특히 '친밀감', '열정', '헌신'이라는 세 가지 요소와 관련이 깊다고 보고 이를 사랑의 삼각형 이론으로 설명했어.

'친밀감'은 사랑하는 관계에서 나타나는 가깝고 연결되어 있고 결합해 있다는 느낌과 관련이 있어. 이런 느낌은 서로 감정을 나누고 정서적 지지를 일으키기도 해. 즉 서로를 잘 이해하고 있다는 느낌인 거지.

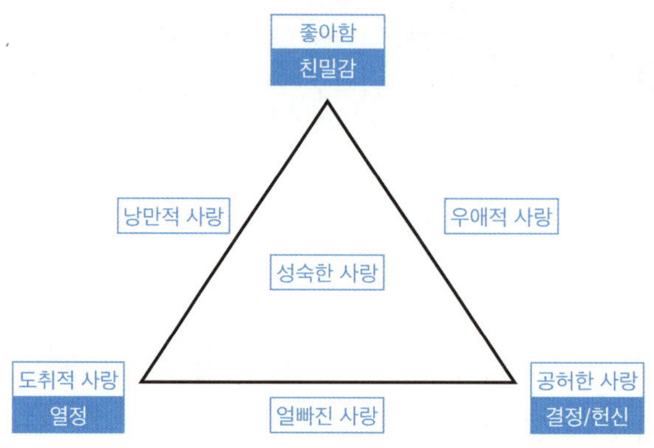

'열정'은 주로 신체적 접촉이나 입맞춤, 애정으로 표현돼. 열정은 그 강도에 따라 급격히 발전하다가 빠르게 시들어 버리기도 해. 열정이 식으면 우울증 같은 좌절을 경험할 수도 있지.

마지막으로 '헌신'은 상대와의 사랑을 유지하겠다는 다짐이야. 타인과의 인지적인 애착과 관련되어 있어 단기적으로는 어떤 사람을 사랑하기로 하는 결심이나 판단이고 장기적으로는 사랑을 지속시킨다는 약속이야.

여러 요소가 복합적으로 결합되면 다음과 같은 결과로 이어지지. '친밀감+열정=낭만적 사랑', '열정+헌신=얼빠진 사랑(허구적 사랑)', '친밀감+헌신=우애적 사랑' 같은 것들이야.

'친밀감+열정+헌신'은 바로 우리가 추구해야 하는 '성숙한 사랑'으로 표현할 수 있어. 우리는 이 모든 요소를 균형 있게 조절함으로써 '성숙한 사랑'에 도달해야 할 거야.

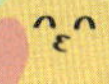

1. 스턴버그의 삼각형 이론에 따라 '성숙한 사랑'을 만들기 위해 필요한 3가지 재료를 적어 보자.

2. 한 친구가 이런 고민을 상담해 왔어. 어떤 관계가 성숙한 사랑일까?

① 우리 사이엔 열정만 불타올라. 하지만 서로 잘 알지는 못해.

② 우린 서로 믿고 존중해. 다만 설레는 마음은 조금 줄었어.

③ 나는 상대와 친밀하고 열정도 있어. 그리고 오래 함께하겠다고 약속했어.

④ 상대가 날 좋아하지 않아도 난 무조건 희생할 거야.

3. 사랑에 대해서 자신만의 정의를 내려 보자.

더 알고 싶어 119

▤ 도서　▷ 영상　🔍 사이트

▤ **『남의 썸 관찰기』** (청예, 다림, 2023)
연애 경험은 없지만, 누구보다 '남의 썸'을 잘 관찰해 온 모태 솔로 여고생 박하은의 이야기야. 하은은 매주 토요일마다 썸남 도현과 함께 시간을 보내며, 자신이 목격해 온 11년간의 썸 이야기를 들려줘. 짝사랑, 어긋난 타이밍, 우정과 사랑 사이의 미묘한 감정까지, 현실적인 에피소드 속에서 '진짜 사랑이란 무엇일까?'를 생각하게 돼. 유쾌하지만 따뜻한 시선으로 10대들의 감정을 그린 성장형 로맨스 소설이야.

▷ **영화 〈문라이즈 킹덤〉**
세상으로부터 상처받은 두 아이, 샘과 수지는 서로에게서 처음으로 진심을 느끼고 함께 도망치는 특별한 모험을 시작해. 어른들이 이해하지 못하는 그들의 사랑과 자유에 대한 열망은 순수하면서도 슬픈데..샘과 수지의 애틋한 사랑은 이루어질 수 있을까?

두근두근 큐피드의 화살!
에로스

에로스적인 사랑의 철학적 설명

큐피드의 화살에 맞게 되면 우리는 어떤 사랑을 하게 될까?
연인과 함께하는 정열적인 사랑이란 무엇일까?

학습 키워드　#플라톤　#반쪽　#에리히프롬　#사랑의기술　#성적자기결정권
교과 연계　초5~6 〉 도덕 〉 서로의 다름을 존중해야 하는 이유는 무엇일까?
　　　　　　　중 〉 도덕2 〉 성(性)의 도덕적 의미는 무엇일까?

정열적인 사랑, 에로스

에로스는 그리스 신화에 나오는 사랑의 신으로, 로마 신화에서는 아모르 또는 큐피드라고 해. 사랑에 빠진 순간을 표현할 때 '큐피드의 화살'에 맞았다고 하잖아. 이것 역시 그리스·로마 신화에서 유래한 거야.

큐피드의 화살에 맞으면 세상이 핑크빛으로 물들겠지? 맞아. 남녀 간의 사랑이 바로 에로스에 해당하는 사랑이야.

『향연』에서 말하는 플라톤의 사랑은 불완전함을 채워 줄 수 있는 반쪽을 만나 맺어지는 인연을 말해. 우리는 반쪽을 만나 온전한 존재가 되어야 하고, 쉽게 변하거나 사라지지 않는 영원의 관계가 되어야 하지. 플라톤이 말한 우리를 온전한 존재로 만들어 주는 관계란 '플라토닉 러브 platonic love', 즉 정신적인 교류에 가깝다고 볼 수 있어.

독일의 사회심리학자 에리히 프롬은 『사랑의 기술』이라는 책에서 사랑은 보호, 책임, 존경, 이해의 요소를 포함한다고 보았어. 그는 사랑하는 사람을 보호하는 것, 사랑하는 사람의 요구를 배려하면서 자신의 행동에 책임지는 것, 사랑하는 사람을 있는 그대로 받아들이며 존경하는 것, 사랑하는 사람을 올바로 이해하는 것이 진정한 사랑의 모습이라고 주장했지. 프롬은 사랑을 누구나 겪게 되는 즐거운 감정이라기보다 하나의 '기술'이라고 생각했어. 우리가 사랑하려고 애쓰면서도 실패하는 원인이 바로 사랑의 기술에 익숙하지 않기 때문이라는 거지.

존재로서의 사랑

그렇다면 우리가 명심해야 할 사랑의 원리는 무엇일까? 그것은 사랑이 소유할 수 있는 물건이 아니라는 점이야. 황금알을 낳는 거위를 잡아다가 배를 가르는 것이 잘못된 '소유로서의 사랑'이라면, 거위가 건강을 유지하며 꾸준히 성장하도록 돕는 것은 온전한 '존재로서의 사랑'이지. 상대를 자신의 소유물로 여기는 대신 그의 존재 자체에 관심을 가지고 보살피면서, 있는 모습 그대로를 존중하며 이해하려고 꾸준히 노력하는 것이 바로 '사랑'이라는 거야.

상대를 배려하면서 사랑하기

정열적인 사랑을 하게 되면 자연스럽게 사랑하는 사람과 손을 잡고 스킨십하려는 '본능'이 나타나게 돼. 스킨십은 사랑을 표현하고 느끼는 데 있어 중요한 요소야. 하지만 사랑과 성적 호기심, 성적 충동을 혼동해서 상대에게 상처를 입히거나 자신이 상처를 받을 수도 있어. 여기서 필요한 것이 바로 '성적 자기 결정권'이야. 성적 자기 결정권은 '자신의 성적 행동을 스스로 결정할 수 있는 권리'를 뜻해. 우리가 상대를 사랑하고 자신을 존중한다면 큐피드의 화살에 맞아 정열적인 사랑을 하더라도 상대방과 자신의 '성적 자기 결정권'을 배려하면서 행동해야 한다는 걸 잊어선 안 돼. 사랑은 두 사람이 함께 만들어 가는 관계이기 때문이지. 좋은 사랑을 하려면 우리가 먼저 좋은 사람이 되어야 해. 상대방을 진정으로 사랑하기 위해 최선을 다한다면 우리는 운명의 '반쪽'을 만나 사랑으로 가득한 삶을 채울 수 있을 거야.

1. 성적 행동에 대한 자신의 권리를 일컫는 용어는?

2. 에리히 프롬이 말한 사랑의 요소가 아닌 것은 무엇일까?

① 보호   ② 존경   ③ 이해   ④ 경쟁

3. '존재로서의 사랑'이란 어떤 사랑일까요?

① 상대를 내 것처럼 소유하려는 사랑

② 상대를 있는 그대로 존중하고 아껴 주는 사랑

③ 빨리 식는 사랑

④ 겉모습만 보는 사랑

4. 플라톤이 말하는 사랑에 대해서 써 보자.

더 알고 싶어 119

📖 도서 ▷ 영상 🔍 사이트

📖 『안녕, 내 첫사랑』 (이금이, 밤티, 2021)

첫 사랑을 시작한 풋풋한 사춘기 소년의 이야기야. 이금이 작가는 사랑의 달콤함뿐 아니라, 그 안에서 생기는 오해와 상처, 그리고 다시 마음을 여는 용기까지 따뜻하게 담아냈어. 읽고 나면 '사랑한다'는 말보다 더 깊은, '안녕'이라는 인사의 의미를 새롭게 느끼게 될 거야.

▷ 영화 〈플립〉

줄리와 브라이스, 두 아이의 시선으로 그려지는 첫사랑의 성장기야. 한쪽의 짝사랑으로 시작된 이야기가 시간이 지나면서 뒤집히고, 그 과정에서 '좋아한다'는 감정이 얼마나 서툴고도 진심일 수 있는지를 보여 주지. 풋풋한 감정의 뒤엉킴 속에서 사랑은 단순한 설렘이 아니라, 상대의 마음을 이해하고 바라보는 법을 배우는 과정임을 일깨워 줘. 서로의 마음이 엇갈리다 결국 '뒤집히는' 순간, 제목 그대로 사랑의 의미가 조용히 플립돼 버리는 영화야.

연애의 끝은 결혼?

동서양 사상가들이 생각한 결혼

연애의 끝은 결혼이라고 말하는 사람들이 많아.
연인에게 결혼이 갖는 의미는 무엇일까?
결혼으로써 성립되는 부부 관계는 어떤 관계일까?

학습 키워드　#결혼 #혼인 #헤겔 #칸트 #니체 #부부상경 #부부유별

교과 연계　초5~6 〉 도덕 〉 서로의 다름을 존중해야 하는 이유는 무엇일까?
　　　　　　　중 〉 도덕1 〉 가정의 모습은 어떠해야 할까?
　　　　　　　중 〉 도덕2 〉 타인과의 관계는 왜 중요할까?

서양 철학자가 생각한 결혼

사랑하는 사람을 만나면 '결혼'을 통해 서로 함께하기를 소망하는 경우가 많아. 결혼은 사랑하는 두 사람이 부부가 되어 평생 기쁨과 슬픔을 함께하며 서로에게 헌신하고 봉사하겠다는 약속을 한다는 의미로 '백년가약百年佳約'이라고도 해. 부부가 서로에 대한 사랑을 지키겠다고 약속하는 거지. 유교 경전 중 하나인 『예기』에서는 "천지가 화합하지 않으면 만물이 나오지 않는다. 혼인은 만세의 이어짐이다."라고 했어.

독일의 철학자 헤겔은 "개인은 결혼을 통해 윤리적 삶으로 들어갈 수 있으므로 결혼은 우리의 윤리적 의무라고 할 수 있다. 우리는 두 인격의 윤리적 결합인 결혼을 통해 '육체적인 정념(감정)의 만족'을 넘어 '정신적인 결합'에 이를 수 있다."라고 했어. 헤겔에 따르면 법적 제도에 의

해 뒷받침된 결혼을 함으로써 '나'는 남편 혹은 부인으로서 공동체의 역할을 갖게 되고, 공동체에서의 역할에 따르는 의무와 권리도 지니게 된다는 거지. 이처럼 헤겔은 우리가 결혼을 통해 가족 안에서 공동체의 구성원임을 알게 된다고 했어.

칸트에게 있어 결혼은 부부간의 상호 존중과 동등성, 윤리적 의무와 책임 그리고 도덕적 발전과 성장을 중시하는 거야. 그리고 "서로에게 평등한 호혜적 원리를 보장함으로써 맺어지는 두 사람 사이의 협약", 즉 남녀 간의 '계약'인 거지.

독일의 철학자 '니체'도 "결혼은 하나를 창조하려는 두 사람의 의지이다."라는 말로 결혼하기 위해서는 부부간의 믿음과 존중이 필요하다고 이야기했어.

서로 지켜야 할 부부간의 윤리

결혼을 하게 되면 '부부'라는 관계가 형성되잖아. 부부 관계에 있어서도 서로 지켜야 할 윤리적 사항들이 있어. 전통 사회에서는 '부부상경夫婦相敬'이라는 부부간의 윤리를 강조했어. 부부는 서로 상대방의 인격과 역할을 존중해야 한다는 뜻이야. 부부상경은 남녀의 상호 의존적이고 보완적인 관계를 뜻하는 '음양론陰陽論'에 바탕을 두고 있어. 음양론에서 음은 '그늘', 양은 '햇볕'을 뜻하는 말인데, 후에 점점 발전되어 우주의 두 원리 또는 원동력을 뜻하는 의미로 쓰이고 있어. 『주역』에서는 "음양이 서로 합일하여 만물이 화육하고 번영되며, 남녀의 정기가 결합되어 만물이 화생한다."라고 하면서 음양의 상호 작용을 통해 만물이 생성된다고 보고 있어. 음은 여성에, 양은 남성에 비유되기도 해.

유교에서는 도덕의 바탕이 되는 세 가지 강령과 다섯 가지의 인륜을 담고 있는 '삼강오륜三綱五倫'에서 부부간의 관계를 설명하고 있어. '부부유별夫婦有別'은 남편과 아내 사이에 구별(분별)이 있어야 한다는 뜻이야. 이는 남녀 차별을 뜻하는 게 아니라 부부 사이에는 인륜상 각각의 직분(맡은 바 해야 할 일)이 있기 때문에 서로 침범하지 못할 구별區別이 있어야 한다는 뜻이란다. 또한 부부는 서로 간에 신의(믿음과 의리)를 지켜야 해. 우리 전통 사회에서는 부부간에는 신뢰를 바탕으로 한 '정조貞操', 다시 말해 절개를 지켜야 한다고 생각했어. 그래서 우리나라에서는 '일부일처주의(한 남편이 한 아내만 두는 혼인 제도를 받아들이자는 태도)'를 기본으로 하며, 아내나 남편이 있는 사람이 다른 사람과 다시 혼인하는 '중혼重婚'을 금지하고 있어.

1. 철수와 영희는 서로 좋아서 결혼을 준비하고 있어. 두 사람은 평생 기쁨과 슬픔을 함께 나누기로 약속했지. 이런 결혼을 멋지게 부르는 말은 무엇일까?

   ① 평생 동네산책　　　　② 무제한 떡볶이권　　　　③ 세기의 대결
   ④ 백년가약

2. 헤겔이 말한 결혼의 의미는?

   ① 하루 세 번 식사를 같이하는 것　　② 두 인격의 윤리적 결합과 공동체 역할
   ③ 친척 모임에 무조건 참석하는 것　　④ 서로 평등하고 존중하는 계약

3. 결혼 후 부부간에 지켜야 할 윤리에 대해 써 보자.

4. 네가 만약 결혼을 하게 된다면 어떤 결혼 생활을 하고 싶은지 써 보자.

더 알고 싶어 119

📖 도서　▷ 영상　🔍 사이트

📖 『**결혼·여름**』 (알베르 카뮈, 책세상, 2024)
부조리의 철학자라고 불리는 '알베르 카뮈'의 책이야. '부조리의 철학자'라니 벌써 어려울 것 같지? 맞아 거짓말은 안 할게. 그렇지만 알제리의 강렬한 태양 아래 결혼에 대한 성숙한 카뮈의 시선을 엿볼 수 있단다.

▷ **영화 〈사랑에 대한 모든 것〉**
천재 물리학자 스티븐 호킹과 그를 끝까지 지탱한 사랑의 이야기야. 젊은 과학도 스티븐은 어느 날 시한부 선고를 받고 모든 것을 잃을 위기에 놓이지만, 그의 곁에는 언제나 따뜻한 믿음으로 함께한 인문학도 제인이 있어. 이 영화는 단순한 러브스토리가 아니라, 삶이 불가능해진 순간에도 포기하지 않는 인간의 의지와 사랑의 힘을 보여 줘. 방정식과 별, 우주를 탐구하던 천재가 결국 깨닫는 건, 우주를 움직이는 건 사랑이라는 사실이야.

가족 간에도
예절이 있어요

동서양 사상가들이 말하는 가족에 대한 생각

늘 곁에 있어 줄 거라는 착각을 하며 우리는 가장 가깝고도 소중한 존재인 가족들에게
소홀할 때가 많아. 가족을 소중하게 대하는 법은 무엇일까?
결혼으로써 성립되는 부부 관계는 어떤 관계일까?

학습 키워드   #부자자효 #부자유친 #자애 #효 #형우제공 #우애

교과 연계   초5~6 〉 도덕 〉 서로의 다름을 존중해야 하는 이유는 무엇일까?
중 〉 도덕1 〉 가정의 모습은 어떠해야 할까?
중 〉 도덕2 〉 타인과의 관계는 왜 중요할까?

가족 간의 사랑과 윤리

연인이 사랑의 결실로 결혼하게 되면 새로운 하나의 '가족'을 꾸리게 돼. 가족은 혼인, 혈연, 입양 등으로 이루어지는 공동체를 말하지. 단순히 같이 살고 있다고 해서 '가족'이라고 하지는 않아. '식구食口'라는 말처럼 식사를 함께하며 시간을 같이 보내고, 서로 사랑을 주고받을 때 진정한 가족 간의 사랑인 '가족애'를 느끼게 되는 거지.

아리스토텔레스는 『니코마코스 윤리학』에서 가족애(가족 간의 사랑)에 대해 이렇게 설명했어.

"부모는 자식의 존재 원인이며 자식에 대한 양육과 책임을 지고 있다. 그러므로 부모는 자식에게
지배적인 권위를 갖게 마련이다. 이런 부모의 가부장적인 권위는 군주가 국민들에 대해 가지

는 권위와 그 성격이 유사하다. (…) 부모들은 자식들이 자신들의 일부인 것처럼 사랑하는 반면, 자식들은 부모들로부터 자기들이 나왔다는 이유로 부모들을 사랑한다. 그러므로 자식이 부모에 대해 가지는 친애는 선하고 우월한 존재에 대해 가지는 친애와 같다. 부모들이 그들에게 가장 큰 선을 행해 주었고, 그들의 존재와 양육의 원인이며, 그들에 대해 교육까지도 책임지기 때문이다.

– 아리스토텔레스, 『니코마코스 윤리학』

헤겔은 가족에서 시민 공동체, 국가 공동체 순으로 인륜(인간의 윤리)이 실현된다고 보았어. 그는 가족은 사랑을 기반으로 하기 때문에 자신과 상대가 분리되지 않는다고 생각했지.

사랑으로 함께하는 가족이 더 행복해지기 위해서는 가족 구성원들이 함께 지켜야 할 여러 가지 윤리가 있어. 부모와 자녀는 서로 사랑해야 해. 이는 유교 경전 『예기』에 나오는 부자자효父慈子孝라는 말로 '부모는 자녀에게 자애로워야 하며(부모는 자식에게 대가를 바라지 않고 사랑해야 하며), 자식은 부모에게 효성스러워야 한다(효도해야 한다).'는 뜻을 담고 있어. 먼저 부모는 자녀에게 '자애'를 실천해야 해. 자애는 '윗사람이 아랫사람에게 베푸는 사랑'을 말하지. 부모는 자녀가 신체적·정신적으로 건강하게 성장할 수 있도록 양육해야 하고 자녀를 독립된 인격체로 존중해야 한다는 뜻을 담고 있어. 이는 부모가 아무런 대가를 바라지 않고 자녀에게 아낌없이 베푸는 사랑과 같은 말이야.

유교의 삼강오륜 중에도 부모와 자녀 사이에는 친밀함이 있어야 한다는 뜻을 담은 '부자유친父子有親'이란 덕목이 있어. '부모와 자녀의 관계는 하늘이 이어 준 인연이기 때문에 함부로 끊을 수 없는 관계'라는 뜻이야. 자녀는 부모에게서 비롯되었으니까 부모-자녀 간의 관계는 세상에서 가장 가까운 사이잖아?

자녀가 부모에게 하는 사랑은 바로 '효孝'야. 효는 부모의 은혜에 감사하는 마음을 가지고 이를 행동으로 실천하는 것을 뜻하는 말이란다.

가족 관계에 대한 명언

동서양의 사상가들도 효에 대해서 이런 명언을 남겼어.

공자는 "부모님을 봉양하고 가족의 웃어른을 공경하라."고 했고 석가모니는 "부모의 마음을 편하게 해 드리는 것이 효의 길이다."라고 설명했어. 소크라테스는 "네 자식들이 너에게 해 주기 바라는 것과 똑같이 네 부모에게 행하라."는 멋진 말을 했지.

가족 간의 관계에는 부모-자녀뿐만 아니라 형제자매 관계도 있어. 부모와 자녀 사이의 관계에서 지켜야 할 도리가 있다면 형제자매 간에도 '우애友愛'라는 도리가 있어. 우애는 형제자매가 서로 사랑하며 화목하게 지내는 걸 말해.

지금까지 결혼을 통해 이뤄지는 가족 사이에서 지켜야 할 여러 덕목에 대해 알아보았어. 우리는 가장 가까운 사이라서 늘 곁에 있어 줄 거라 착각하고 가족을 타인보다 더 소홀하게 대하는 경우가 많아. 이런 모습을 반성하고 가족 간에도 '사랑'을 기본으로, 인간으로서 지켜야 할 여러 도리를 지켰으면 좋겠어.

1. 삼강오륜에서 부모 자녀간의 친밀함을 의미하는 말은?

　① 군신유의(君臣有義)　　　　② 부부유별(夫婦有別)

　③ 부자유친(父子有親)　　　　④ 붕우유신(朋友有信)

　⑤ 장유유서(長幼有序)

2. '부자자효'의 뜻으로 알맞은 것은?

　① 부모는 자애롭고, 자녀는 효성스러워야 한다.

　② 부모는 가르치고, 자녀는 배워야 한다.

　③ 부모는 엄격하고, 자녀는 복종해야 한다.

　④ 부모와 자녀는 항상 같은 의견을 가져야 한다.

3. 다음 문장을 읽고 맞으면 O, 틀리면 X를 해 보자.

> 아리스토텔레스에 따르면 부모는 자녀의 존재 원인이며 교육까지 책임져야 한다.
> (　　　)

4. 가족 간에 지켜야 할 덕목에 대해 설명해 보자.

더 알고 싶어 119　　　　📖 도서　▷ 영상　🔍 사이트

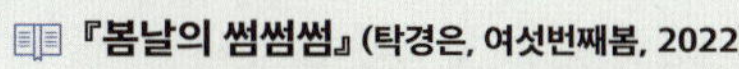

📖 **『봄날의 썸썸썸』** (탁경은, 여섯번째봄, 2022)
제목만 보면 썸 타는 이야기 같지? 물론 그런 얘기도 있어. 이야기는 도시살이를 위해 할머니와 함께 지내는 삶을 선택한 아이와 할머니의 이야기를 담았어. 함께 살아가는 과정 속에서 갈등을 겪지만, 결국 서로를 이해하고 기대는 법을 배우게 되지.

▷ **엄마가 울었다** (EBS 지식채널)
부모님 혹은 가족들에게 칭찬의 말을 전한 적이 있어? 부모님은 어른이라 칭찬 같은 건 별로 안 좋아하실 것 같지? 이 물음에 끄덕였다면 영상을 보고, 오늘은 너희를 돌보아 주시는 보호자 분들께 사랑의 말을 전해 보는 것은 어떨까.

친구야 사랑해

우정에 대해서 말한 동서양 사상가들의 명언과 생각

'단짝' 하면 생각나는 친구가 있니?

머릿속에 누군가의 얼굴이 떠오른다면 그 친구는 너희에게 어떤 의미일까?

학습 키워드　#친구 #우정 #붕우유신 #교우이신 #아리스토텔레스 #에피쿠로스 #키케로 #칸트

교과 연계　초5~6 〉 도덕 〉 서로의 다름을 존중해야 하는 이유는 무엇일까?
중 〉 도덕1 〉 우정이 소중한 이유는 무엇일까?
중 〉 도덕2 〉 타인과의 관계는 왜 중요할까?

친구와 함께 나누는 우정

'단짝' 하면 머릿속에 떠오르는 친구가 있니? 머릿속에 누군가의 얼굴이 떠오른다면 너희는 정말 행복한 사람이야. 친구는 많아도 '진정한 친구'라고 하면 생각나는 사람이 많지 않거든. 그런데 진정한 친구라고 떠오르는 사람들이 있다면, 인생의 보물을 찾은 것이나 다름없어.

우정은 친구 사이에 나누는 정신적 유대감과 정을 말해. 친구 사이의 관계는 '지음知音', '지란지교芝蘭之交', '관포지교管鮑之交'라는 말로도 표현하지. (이 말이 궁금하면 사전을 한번 찾아 봐. 직접 찾아보고 탐구하다 보면 공부가 되기 때문이야.) 친구는 인생에 있어 삶을 풍요롭게 해 주기에 인간관계에서 중요한 역할을 담당하고 있어.

동서양의 사상가들은 우정에 대해서 다음과 같이 말했어.

공자는 "자기보다 못한 자를 벗으로 삼지 마라."고 했지.

공자는 "서로의 인격을 성장시킬 수 있는 친구 관계가 무엇보다 중요함"을 강조하고 있어. 진정한 벗을 만나는 데는 나이, 신분, 재물이 아닌 인격이나 품행이 더 중요하다는 거지.

유교에서도 '붕우유신朋友有信'이라는 오륜의 덕목을 통해 우정을 강조하고 있어. 붕우유신은 '벗 사이에 지켜야 할 도리는 믿음에 있다.'는 뜻이야.

세속오계는 신라 진평왕 때 원광법사가 화랑에게 일러 준 다섯 가지 계명이야. '사군이충事君以忠, 사친이효事親以孝, 교우이신交友以信, 임전무퇴臨戰無退, 살생유택殺生有擇'의 다섯 계명인데, 이 중에서 교우이신, '벗(친구)을 사귈 때는 믿음을 가진다.'를 통해 우정에 대해 설명하고 있어.

철학자들이 생각한 우정

플라톤은 "친구는 모든 것을 나눈다."라는 멋진 명언을 남겼어. 아리스토텔레스는 "친구란 두 신체에 깃든 하나의 영혼이다."라고 했지.

아리스토텔레스는 우정이란 친구에게 사랑받는 것이라기보다 사랑을 주는 것이라고 여겼어. 그리고 우정은 반드시 선善 속에서만 존재한다고 생각했지. 아리스토텔레스는 서로가 기쁨과 즐거움을 함께 느낄 수 있는 우정을 맺기 위해서는 반드시 선한 사람이 되어야 한다고 강조했지.

마음의 불안과 육체의 고통이 없는 상태로 영혼의 평정 상태를 강조한 에피쿠로스 학파에서도 가정과 같은 작은 공동체에서 친구와 우정을 나누는 것이 행복에 도움이 된다고 생각했대. 친구에 대한 따뜻하고 지속적인 관심은 영혼의 평화를 해치지 않으면서 우리의 삶을 풍요롭고 행복하게 만들어 주는 활력이 된다는 게 에피쿠로스의 생각이야.

이성에 따라 필연적인 운명에 순응할 것을 강조하는 스토아 학파에서도 우정에 대해 말했어. 이들은 훌륭한 인간이란 이성적인 인간, 사회적이고 정치적인 의무를 다하는 인간이라고 생각하면서, 시민들 사이의 우정과 정치적 의무를 강조했어. 또한 사회 속에서 타인과 더불어 살라는 것이 이성의 명령이라고 주장했지.

고대 로마의 정치가 키케로는 『우정을 위한 사색』에서 우정에 대해 "자네가 마치 자신과 말하듯이 마음껏 말할 수 있는 누군가가 있다면 얼마나 즐겁겠는가? 자네가 행복할 때 자네 못지않게 그것을 기뻐해 줄 누군가가 있다면 얼마나 더 기쁘겠는가? 우정은 행운을 더 빛나게 하고, 불운을 나눔으로써 더 가볍게 해 준다네."라고 표현했어.

칸트에 따르면 친구는 '선의지에 의해 하나가 된 사람들'이야. 칸트는 상호적인 평등한 사랑과 존경에 의해 하나가 되는 것을 우애라고 보았어. 여기서 우애는 우정과 같은 말로 이해하면 돼.

우정을 생각했을 때 떠오르는 친구가 없더라도 너무 걱정하지 마. 너희가 열린 마음으로 사람들에게 마음을 나눠 준다면 진정한 친구로 맺어지게 될 인연을 언젠가 만나게 될 거야.

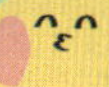

1. 아리스토텔레스가 말한 우정에 대한 설명으로 옳은 것은?

　① 친구는 게임을 같이하는 사람이다.

　② 우정은 반드시 선한 사람 사이에서만 존재한다.

　③ 우정은 친구에게 사랑받는 것이다.

　④ 친구는 한 신체에 깃든 두 개의 영혼이다.

2. 다음 사상가와 우정에 대한 생각을 연결해 보자.

　(가) 에피쿠로스 •　　　　　• (A) 행운을 더 빛나게 하고 불운을 덜어 주는 것

　(나) 키케로　　 •　　　　　• (B) 작은 공동체에서 우정을 나누는 것이 행복에 도움

3. 다음 문장을 읽고 맞으면 O, 틀리면 X를 해 보자.

> 플라톤은 "친구란 두 신체에 깃든 하나의 영혼이다."라고 말했다. (　　　)

4. 우정하면 떠오르는 친구에게 편지를 써 보자.

<hr>
<hr>
<hr>
<hr>
<hr>
<hr>
<hr>

더 알고 싶어 119

📖 도서　▷ 영상　🔍 사이트

📖 『**사막을 지나는 시간**』 (강미, 문학과지성사, 2022)
경쟁과 불안 속에서도 서로에게 기대고 부딪히며 자라는 아이들의 모습을 읽을 수 있어. 가슴이 뛰는 오늘이 어제와 다를 수 있음을, 그리고 끝없이 건조한 사막 속에서도 눈기둥처럼 빛날 수 있음을 보여 주는 따뜻한 청춘의 기록이지.

▷ 영화 〈우리들〉
너희가 이 영화를 보면 너희 교실을 찍었나 두리번거릴지도 몰라. 그만큼 너희의 고민과 생활과 맞닿아 있는 영화야. 제목만큼 친구와 '우리'가 된다는 것에 대한 과정을 담았어.

인간과 문화에 관해서 탐구해요, 문화인류학 연구원

'마거릿 미드'라는 인류학자가 있어. 남성과 여성의 역할은 태어날 때부터 생물학적으로 정해진 것이 아니라는 걸 파푸아뉴기니 지역에서 생활하면서 직접 밝혀 낸 사람이야. 마거릿 미드처럼 인간과 문화에 대해 연구하는 직업에 관심이 생긴 친구들을 위해 '문화인류학 연구원'이라는 직업에 대해서 알려 줄게!

인간과 문화에 대해 공부하는 문화인류학

연구원은 특정한 학문에 대해 깊게 공부하는 직업 같은데, '문화인류학'이라는 말이 좀 낯설지? 일단 문화인류학이 뭔지 먼저 알면 문화인류학 연구원이 어떤 직업인지도 쉽게 추측할 수 있을 거야.

문화인류학은 인간과 문화에 대해 공부하는 학문이야. 의식주 같은 기본적인 문화 요소부터 사회나 종교처럼 집단을 이룬 인간들이 일궈 낸 다양한 문화를 조사하고 비교·연구하는 학문이지. 그럼 문화인류학에서는 왜 이런 것들을 연구하는 걸까? 그 이유는 인류의 사회, 문화에 대해 깊이 있게 공부하면 인간과 사회의 본질을 제대로 이해할 수 있다고 생각하기 때문이야.

문화인류학과 관련 있는 전공은 매우 많아. 고고문화인류학과, 고고인류학과, 문화산업경영융합 전공, 문화유산학과, 문화인류고고학과, 문화인류학과, 문화지식융합학부, HCI사이언스 전공, 글로벌MICE 전공, 데이터사이언스 전공, 문화예술경영 전공, 커뮤니케이션콘텐츠 전공, 민속학과, 선도문화학과, 역사·문화학 전공, 인류학과, 한국문화·통상 전공

등이 있어. 엄청 다양하지? 너희에게는 낯선 용어도 많을 거야. 하나하나 설명하긴 어려우니까 혹시 인류학에 대해 관심이 생겼다면 직접 찾아보는 것도 좋은 공부가 될 것 같아. 참고로 고등학교 과목에도 문화인류학과 관련 있는 과목들이 있어. 세계지리나 여행지리, 생활과 윤리, 윤리와 사상, 심리학, 세계사 등이 바로 그것들이야. 대체로 사회 과목과 관련된 교과목들이 많아.

문화인류학과 관련된 여러 직업

문화인류학과 관련된 직업은 '연구원' 이외에도 여러 직업이 있어. 대표적인 게 바로 학예사(큐레이터)야. 학예사는 박물관이나 미술관에서 관람객을 위해 전시회를 기획하고 작품을 수집하거나 관리를 담당하는 일을 하는 직업이야. 사람들에게 작품에 대해 잘 설명해 주려면 당연히 문화인류학적인 지식이 있어야겠지?

또 어떤 관련 직업들이 있을까? 민속학자도 이 중 하나라고 할 수 있어. 민속학자는 사람들이 살아가는 방식, 전통, 이야기 같은 걸 직접 찾아다니며 기록하고 연구하는 사람이야. 사라져가는 문화나 생활 방식을 지켜 내고, 후세에도 전할 수 있도록 정리하는 일을 하지. 민속학자들이 주로 연구하는 대상은 민간신앙, 세시풍속, 축제, 놀이, 언어 전승 등이 있어.

인간과 인간의 문화에 대해 더 깊이 알고 싶고 관심이 생겼다면 문화인류학 연구원에 도전해 보는 건 어때?

3부
우리 함께
살아가요,
사회 속의
'나'와 '너'

옛날에는 옆집의 숟가락 개수까지 알았다던데...

이웃 관련한 속담과 우리나라의 전통

옛날에는 옆집의 숟가락 개수까지 알았을 정도로
이웃 간의 교류가 활발했대.
요즘은 어때? 혹시 너희 옆집에 누가 사는지 알고 있니?

학습 키워드 #이웃 #계 #두레 #품앗이 #향약 #상부상조 #네이웃을내몸과같이사랑하라

교과 연계 초5~6 〉 도덕 〉 타인을 왜 도와야 하며 어떻게 도울 수 있을까?
초5~6 〉 도덕 〉 서로의 다름을 존중해야 하는 이유는 무엇일까?
중 〉 도덕2 〉 타인과의 관계는 왜 중요할까?

서로 돕고 의지하는 이웃

"내 가르침은 간단하고 그 의미를 쉽게 터득할 수 있다. 자기 자신처럼 이웃을 사랑하는 것이 그 전부이다." – 공자

"매일 당신과 동행하는 이웃의 길 위에 한 송이 꽃을 뿌려 놓을 줄 안다면 지상의 길은 기쁨으로 가득 찰 것이다." – 잉글레제

"멀리 있는 물은 가까운 불을 끄지 못하고 먼 곳의 친척은 가까운 이웃보다 못하다." –『명심보감』

"악마는 속일 수 있지만 이웃은 속일 수 없다." – 에드가 왓슨 하우

"아라비아 속담에 의하면 불사조나 귀신이 존재하지 않듯 마음이 통하는 참된 친구도 존재하지 않는다. 하지만 나는 그 모두를 내 이웃 중에서 발견했

여기서 공통적으로 등장하는 단어는 무엇일까? 바로 '이웃'이야. 과거 옛 선조들은 '앞집의 숟가락 개수까지 알고 있다.'라는 말처럼 이웃의 속사정까지 다 알고 있을 정도로 이웃들과 굉장히 활발하게 교류하며 지냈어. 그래서 우리 조상들은 이웃과 힘을 모아 함께 일하는 것을 전통으로 삼았지. 일손이 많이 필요한 농사일은 물론, 마을의 크고 작은 일들을 모두 자기 일처럼 협력하며 처리했어.

서로 돕고 의지하는 '상부상조相扶相助'의 전통은 '계, 두레, 품앗이, 향약' 등을 통해서도 알 수 있어. '계'는 친목을 꾀하면서 주로 경제적인 도움을 받는 모임을 말해. '두레'는 마을 단위의 공동 노동 조직인데, 마을 사람들이 노동에 함께 참여하고 이에 대한 품삯을 주기도 했어. '품앗이'는 일손이 부족할 때 이웃에게 도움을 요청하면 그 이웃이 나중에 다시 일로 갚아 주었던 걸 말하지. '향약'은 조선시대에 만들어진 향촌의 자치 규약이야. 향약을 통해 좋은 행실을 권장하고 어려운 일을 함께하며 잘못된 일을 규제하기도 했어. 향약에는 좋은 일은 서로 장려하고 권하는 '덕업상권德業相勸', 나쁜 행실을 못 하도록 서로 규제하는 '과실상규過失相規', 서로 사귐에 있어서 예의를 갖춘다는 '예속상교禮俗相交', 어려움에 처했을 때 서로 도와주는 '환난상휼患難相恤'이 있어.

좋은 이웃이 되자

그리스도교에서는 지켜야 할 10가지 계율인 십계명 중에 "네 이웃을 사랑하라."라는 말이 있어. 석가모니(부처) 역시 '이웃에게 줄 수 있는 일곱 가지'라는 이야기를 통해 이웃에 대한 사랑을 말했지.

정약용도 『유배지에서 보낸 편지』에서 "좋은 이웃을 바라기 전에 좋은 이웃이 되라."라고 했어.

오늘날에는 이웃의 범위가 예전에 비해 훨씬 넓어졌어. 전통 사회의 이웃처럼 가까이 살고 있지 않더라도 인터넷과 같은 정보통신 매체 등을 이용하면 직접적, 간접적으로 교류하거나 소통할 수 있기 때문이야. 그래서 흔히 지구'촌'이라는 말을 쓰는 거란다. 너희도 좋은 이웃을 만나고 싶니? 그럼 먼저 좋은 이웃이 되도록 노력해 보자!

1. 마을 단위의 공동 노동 조직으로 마을 사람들이 노동에 함께 참여하고 이에 대한 품삯을 주기도 한 조직을 일컫는 말은?

2. 향약 조항 중 '서로의 잘못을 막아 주는 것'은?

① 덕업상권   ② 예속상교   ③ 과실상규   ④ 환난상휼

3. '덕업상권'과 '환난상휼'은 어떤 뜻일까?

① 함께 놀고 웃는 것
② 서로 좋은 일은 권하고 어려운 일은 도와주는 것
③ 몰래 경쟁하는 것
④ 다른 마을 사람과 싸우는 것

4. 오늘날 이웃의 범위는 어디까지일까? 그리고 나의 이웃은 어디까지일까? 구체적으로 써 보자.

더 알고 싶어 119

📖 도서   ▷ 영상   🔍 사이트

📖 『피프티 피플』 (정세랑, 창비, 2016)

피프티 피플, 말 그대로 50명의 다양한 등장인물에 대한 이야기야. 한국 사회의 다양한 불안의 실체를 드러내지만 치유하려는 노력을 같이 보여 주지. 바로 연대를 통해서!

▷ 드라마 『정신병동에도 아침이 와요』

드라마 제목이 어때? 마음의 병을 겪는 사람들의 이야기 같지. 맞아! 이 드라마는 정신병동 속에서 아픔을 겪는 사람들의 이야기를 들려줘. 어둡고 힘든 곳이라 생각하기 쉽지만, 그 안에도 하루가 시작되고, 작은 희망이 피어나는 순간들이 있지. 이 드라마는 그런 사람들의 상처와 회복, 그리고 서로를 이해하려는 마음을 따뜻하게 그리고 있어. 아침이 온다는 건, 그 자체로 이미 누군가 다시 살아 보려 한다는 뜻이니까. 함께.

타인을 '배려'한다는 것은 무엇일까?

타인을 배려한다는 것

우리는 타인과 함께 살아가는 존재야.
더불어 잘 살아가기 위해서는 타인을 존중하고 배려하는 것이 필요하지.
그렇다면 나와 다른 존재인 타인을 배려한다는 것은 무엇일까?

학습 키워드   #마르틴부버 #나와너의만남 #배려윤리 #길리건 #나딩스
교과 연계   초5~6 〉 도덕 〉 타인을 왜 도와야 하며, 어떻게 도울 수 있을까?
           초5~6 〉 도덕 〉 서로의 다름을 존중해야 하는 이유는 무엇일까?
           중 〉 도덕2 〉 타인과의 관계는 왜 중요할까?

타인과 공존하기 위해 필요한 배려

세상에 존재하는 사람을 구분 지어 보면, '나'와 '너' 두 종류로 설명할 수 있어. 자기 자신인 '나'를 제외한다면 가족, 친구, 연인, 전혀 모르는 사람들 모두가 '너', 즉 타인으로 구별할 수 있는 거지.

우리는 사는 동안 공동체 속에서 타인과 부대끼며 살아가고 있어. 타인과 공존하면서 살려면 어떤 덕목이 필요할까? 아마도 타인을 따뜻한 시선으로 바라보고 그들을 도와주거나 보살펴 주려고 마음을 쓰는 '배려'가 필요할 거야.

'배려 윤리'에서는 비폭력과 따뜻한 배려의 도덕성에 대해 말하고 있어. 이러한 도덕성의 요소에는 자아와 타인에 대한 책임감, 관계, 따뜻한 배려, 동정심, 조화, 자기희생 등이 포함되지. 모두 타인과 상호 관계

를 맺는 우리에게 필요한 것들이야. 또한 배려 윤리에서는 구체적인 맥락에 대한 고려 없이 특정 덕목의 주입을 강조하려는 시도에 반대하면서 사람들 사이의 관계나 타인의 감정을 이해하는 것을 강조해. 즉 도덕에서 옳고 그름을 명확하게 구분하는 것보다 상대방이 어떤 처지에 놓여 있고 어떤 감정을 느끼는지 헤아려 보는 역지사지의 태도가 더 중요하다는 거지.

길리건과 나딩스의 배려 윤리

배려 윤리의 대표적인 학자로는 '길리건'과 '나딩스'가 있어. 길리건에게 있어 배려 윤리는 공감과 배려의 전제 조건인 이해심에 토대를 두고 있지. 윤리의 실현에 있어서는 '따뜻한 배려'가 가장 중요한 조건이거든. 도덕성을 정서적 돌봄 또는 돌봄 능력으로 규정하면서, '배려', '책임', '인간관계', '상호 의존성', '유대'를 중시하지.

길리건의 배려 윤리를 체계화한 학자가 바로 나딩스야. 나딩스는 우리가 다른 사람을 어떻게 도덕적으로 만나는가에 관심을 가졌어. 그는 어떠한 배려 관계를 형성하느냐와 배려를 행하는 의무를 중요하게 생각했지. 나딩스의 배려 윤리는 인간이 배려하고 배려받기 원한다는 사실, 즉 인간이라면 느낄 수 있는 감정인 배려에 근거해 있는 윤리야. 그래서 감정, 느낌, 정서에 기반을 둔 도덕적 태도와 선에 대한 열망을 중요하게 생각하고 다른 사람의 필요에 민감성을 갖고 반응하거나, 다른 사람을 도덕적으로 만나는 성향을 윤리의 핵심으로 간주했어.

나딩스는 '배려하는 사람(배려자)과 배려받는 사람(피배려자) 간의 상호 관계에서 이루어지는 '배려적 관계' 중심 윤리를 강조했어. 즉 이러한 배려는 받는 사람이 그것을 알아차리고 응답하는 과정을 통해 완성되는 거야.

그렇지만 배려는 자신과 직접적인 관계를 맺고 있는 타인에게만 향하는 것이 아니야. 배려의 범위는 '나 자신과 타인에서 시작해 동식물에 대한 배려 → 환경에 대해 배려 → 인간이 만든 문명 세계에 대한 배려 → 지식, 사상, 문학 등 인간의 사유와 지적 산물에 대한 배려'까지 확장된다고 설명하고 있어. 이를 '배려의 동심원'과 '배려의 사슬'이라고 하지.

나딩스에게 있어 윤리적 이상, 도덕적으로 바람직한 모습은 도덕적 행동을 산출하는 원동력으로서 배려하고 배려받는 우리 자신의 최선의 모습(자아)이었어. 이는 결국 최상의 상태에서 배려하고 배려받은 기억을 통해 강화되는 거지.

우리는 다른 사람의 도움 없이는 혼자서 살아갈 수 없어. 어쩔 수 없이 다른 사람과 부대끼며 살아가야 하는 우리에게 '배려'는 반드시 필요한 거야.

1. 마르틴 부버가 말하는 바람직한 타인과의 관계는?

　① 나-나　　② 나-너　　③ 나-그것　　④ 자신-타인　　⑤ 타인-타인

2. 나딩스가 말한 배려가 '완성'되려면 어떤 조건이 필요한가?

　① 배려자가 선의를 가지고 행동할 때

　② 피배려자가 그 배려를 인식하고 반응할 때

　③ 제3자가 그 상황을 보고 인정할 때

　④ 서로가 같은 목표를 가질 때

3. 다음 중 진짜 '배려'라고 할 수 있는 행동은 어떤 것일까?

　① 친구가 넘어졌을 때 "와~ 멋지게 넘어졌다!" 하며 박수를 친다.

　② 친구가 넘어졌을 때 조용히 다가가 손을 잡아 일으켜 준다.

　③ 친구가 넘어졌을 때 사진부터 찍어서 단체 채팅방에 올린다.

　④ 친구가 넘어졌을 때 '괜찮아?' 하면서도 속으로는 웃음을 참는다.

4. 배려가 필요한 이유에 대해 자신의 생각을 써 보자.

더 알고 싶어 119

📕 도서　▶ 영상　🔍 사이트

📕 **『삶이 내게 말을 걸어올 때』** (파커 J. 파머, 한문화, 2019)

이 책은 '나만의 길'을 찾는 이야기를 넘어서, 함께 살아가는 길을 이야기해. 미국의 교육자이자 작가인 파커 J. 파머는 개인의 소명이란 결국 공동체 안에서 완성되는 것이라고 말해. 그는 자신이 겪은 실패와 방황을 솔직하게 나누면서, '진정한 나'는 혼자서 발견되는 게 아니라 타인과의 관계 속에서 드러나는 존재임을 보여 줘. 책 속의 문장들은 나와 세상, 개인과 사회가 서로 어떻게 연결되어 있는지를 잔잔하게 일깨워 줘. 결국 파머가 전하고 싶은 건, 우리가 각자의 길을 걷더라도 함께 어깨를 맞대야 세상이 단단해진다는 거야. 이 책은 '나의 길'을 넘어 '우리의 길'을 생각하게 하는 따뜻한 책이야.

▶ **영화 〈이름 없는 영웅〉**

터키 특수부대의 최정예 요원들이 펼치는 숨 막히는 작전 이야기야. 2016년 쿠데타 실패 이후, 메흐메트 대위는 국경지대에서 세력을 넓히는 테러 조직의 정보를 파악하라는 명령을 받지. 하지만 임무를 수행하던 중 뜻밖의 공격을 받으면서, 그는 이번 작전에 뭔가 숨겨진 음모가 있음을 감지해. 음모는 뭐고 이 영화가 학습 내용과 어떤 관련이 있을까?

화성에서 온 남자, 금성에서 온 여자?

성 역할에 따른 성차별과 극복

『화성에서 온 남자, 금성에서 온 여자』라는 책 제목처럼
남성과 여성은 같은 사람이지만 다른 존재처럼 여겨질 때도 있어.
같은 사람으로서 남성과 여성의 공존을 위해 어떤 자세를 지녀야 할까?

학습 키워드   #남성과여성   #양성평등   #성평등   #마거릿미드   #보부아르   #길리건
교과 연계   초5~6 〉도덕 〉인권을 존중해야 하는 이유는 무엇일까?
            중 〉도덕1 〉인권은 보편적 가치일까?

남녀의 성 역할

우리는 종종 남성이 하는 일과 여성이 하는 일이 따로 있다고 믿는 경우가 많아.

인류학자 마거릿 미드는 이러한 편견을 뒤집는 주장을 해서 큰 파문을 일으켰어. 미드는 1931년부터 3년간 파푸아뉴기니 지역에 사는 아라페시, 문두구머, 챔블리 부족을 관찰했지. 그 결과 아라페시 부족 사람들은 남녀 모두 경쟁이나 공격을 싫어하고 가정적인 성격을 갖고 있었어. 반면 문두구머 부족 사람들은 남녀 모두 공격적이고 경쟁을 좋아했지.

한편 챔블리 부족 여성은 지배적이며 추진력이 강했고, 남성은 책임감이 약하고 의존적이었어. 미드는 이 같은 연구 결과를 통해 성별에 따른 역할은 정해진 것이 아니라 성장하면서 얻는 것이라는 결론을 내

렸어. 인간의 행동을 결정하는 주원인은 생물학적인 것이 아니라 사회의 문화와 관련 깊다는 사실을 발견한 거지. 미드의 연구 결과는 남녀의 성 역할은 정해져 있고, 생물학적 원인에서 비롯된다고 여겼던 당시 사회에 큰 파장을 일으켰어.

프랑스의 철학자이자 소설가인 보부아르도 비슷한 의견을 갖고 있었어. '여성은 불완전한 남성'이라는 사회적 시각이 존재하던 1900년대 초반에 보부아르는 "여성은 태어나는 것이 아니라 만들어지는 것이다."라고 주장하며 당시 사회의 성차별 의식을 비판했지.

양성평등을 위해 노력하기

미국의 윤리학자 길리건은 여성의 도덕성 발달에 관한 연구를 통해 남녀의 동등성을 밝혔어.

길리건은 남성의 도덕성은 정의의 관점에서, 여성의 도덕성은 배려의 관점에서 발달한다고 보고 있어. 따라서 여성의 도덕성 발달을 남성적 기준으로 측정해서 남성보다 열등하거나 덜 성숙하다고 판단하거나 무시해서는 안 되고, 남성과 구별되는 또 다른 의미의 도덕성 발달로 인식해야 한다고 주장했어. 여성의 도덕성에 대해서는 별개의 기준으로 측정해야 한다고 주장한 거지. 한편 남성과 여성을 독립적인 개체로 존중해야 한다는 점에서는 긍정적이지만, 반대로 지나치게 성 차이를 강조한다는 문제도 있다는 점 참고로 알아둬.

남성과 여성은 동등한 인간으로서 마땅히 존중받아야 하지만 엄연히 다른 신체 구조와 기능의 차이가 있기에 구분이 필요해. 이런 관점에서 '성'을 부르는 각각 다른 이름이 있어. 남성과 여성은 생물학적으로 타고난다는 점에서 생물학적 신체 구조와 기능에 의해 결정되는 성인 '자연적 성^{sex}'과 사회적으로 기대되는 성 역할이자, 사회적·문화적으로 구성되는 남성다움과 여성다움을 나타내는 '사회적 성^{gender}'으로 구분할 수 있지.

사회적 성처럼 남성다움과 여성다움을 사회적·문화적으로 규정해 버리면 성차별 문제가 발생할 수 있어. 그러니 우리는 '남성다움', '여성다움'으로 규정되는 성차별적인 의식을 버리고 '양성평등'을 위해 노력해야 해. 양성평등이란 남녀 모두의 권리나 의무, 자격 등이 차별 없이 고르고 한결같다는 걸 뜻해. 요즘에는 이분법적인 성별 구분을 거부하는 사람들도 존중하자는 의미에서 '성평등'이라는 용어를 쓰기도 해.

국가에서도 (양)성평등을 실현하기 위한 노력의 일환으로 '양성평등기본법'을 제정했어. 양성평등기본법은 출산·육아 등 자녀 양육에 관한 모성·부성의 권리를 보장하고, 일과 가정생활의 조화로운 양립을 위한 여건을 마련해야 한다는 내용을 담고 있어. 우리들도 (양)성평등을 바탕으로 생물학적 차이는 인정하되, 서로를 동등한 인격체로 존중하고 돕는 사회를 만들어 나가기 위해서 노력해야 해.

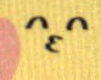

1. 출산·육아 등 자녀 양육에 관한 모성·부성의 권리를 보장하고 일과 가정생활의 조화로운 양립을 위한 여건을 마련해야 한다는 내용을 담은 법의 이름은?

2. 어떤 마을에서는 남자가 밥을 짓고 여자가 사냥을 한대. 마거릿 미드의 연구 결과로 볼 때, 이 마을의 성 역할은 어떻게 설명할 수 있을까?

① 생물학적으로 정해진 것이다.　　② 사회와 문화에 의해 형성된 것이다.
③ 잘못된 성 역할이다.　　④ 자연스러운 변화이다.

3. 다음 중 '사회적 성(gender)'에 해당하는 것은?

① 여성이 임신할 수 있는 능력　　② 남자는 씩씩해야 한다는 생각
③ 남녀의 염색체 차이　　④ 여성의 골격 구조

4. 보부아르에게 있어 사회적 성의 의미에 대해 간략하게 설명해 보고 이에 대한 자신의 의견을 써 보자.

더 알고 싶어 119

📖 도서　▷ 영상　🔍 사이트

📖 『여자 남자, 할 일이 따로 정해져 있을까요?』 (나카야마 치나츠, 고래이야기, 2018)
'남자니까', '여자니까'라는 고정관념에 질문을 던지는 유쾌한 그림책이야. 물고기들이 서로의 역할을 바꾸며 자연스럽게 살아가는 모습 속에서, 성 역할은 정해진 게 아니라 함께 나누는 것임을 보여 주지. 그런데 물고기들의 눈에 비친 인간 세상은 이상해 — 왜 굳이 남자와 여자의 일을 따로 나누는 걸까? 인형을 좋아하는 남자아이, 축구를 즐기는 여자아이, 살림하는 남자… 이 책은 이런 모습들이 '이상한 게 아니라 자연스러운 것'임을 알려 줘.

▷ 영화 〈82년생 김지영〉
1982년에 태어나 평범하게 살아온 한 여성의 인생을 통해, 우리가 일상이라 부르는 시간 속에 어떻게 성차별이 스며들어 있는지를 보여 줘. 주인공 김지영은 평범한 딸, 학생, 직장인, 아내, 엄마로 살아왔지만, 어느 날 자신도 모르게 다른 사람의 말투와 생각을 빌려 이야기하기 시작해. 그 이상한 증상을 통해 그녀의 삶이 한 겹씩 벗겨지면서, 사회가 여성에게 부여한 역할과 억압의 무게가 드러나지. 이야기는 단순히 한 여성의 이야기가 아니라, '엄마', '딸', '직장인'으로 불리는 수많은 김지영들의 기록이야. 통계와 기사, 현실의 사례들이 교차되며 '이건 소설이 아니라 우리의 이야기'라는 생각이 들게 하지.

폭력에는 어떤 것들이 있을까?

폭력의 의미와 형태

사람 사이의 관계가 항상 평화로울 순 없어. 갈등은 발생하기 마련이지.
갈등이 오래되면 폭력으로 이어지기도 해.
같은 사람으로서 남성과 여성의 공존을 위해 어떤 자세를 지녀야 할까?

학습 키워드　#갈등　#폭력의삼각형　#직접적폭력　#간접적폭력　#문화적폭력　#구조적폭력　#비폭력
교과 연계　중 > 도덕2 > 관계 속에서 발생하는 갈등·폭력을 어떻게 해결할까?

폭력의 정의와 그 유형

폭력은 정당하지 못한 방법을 사용해 다른 사람에게 물리적·정신적 피해를 일으키는 공격적 행위를 뜻해. 좁은 의미의 폭력은 다른 사람의 신체나 재산에 해를 입혀서 자신의 의도와 목적을 이루는 행위이고, 넓은 의미의 폭력은 다른 사람의 자유롭고 평화로운 생활을 방해하는 모든 행위를 뜻하지.

이러한 폭력의 유형에는 가담한 사람 수에 따라 한 사람이 다른 사람에게 폭력을 행사하는 '개인적 폭력'과 두 사람 이상이 폭력을 가하는 '집단적 폭력'으로 구분할 수 있어. 형태에 따라서는 '직접적 폭력과 간접적 폭력'이 있지. 직접적 폭력에는 신체에 직접 위해를 가하는 폭력인 '신체적 폭력'과 말과 글로 상대방의 인격을 무시하거나 모욕하는 폭력

인 '언어 폭력', 소외와 위협 등을 통해 마음에 상처를 남기는 폭력인 '정서적 폭력'이 있어. 그 외에도 금품 갈취, 따돌림, 사이버 폭력, 성폭력 등도 직접적 폭력에 속해. 한편 간접적 폭력은 구조적 폭력과 동의어로 사회구조, 관습, 사회 구성원들의 인식 등으로 인해 발생하는 폭력이야. 실업, 빈곤, 식민지 상태, 인권침해, 성별 갈등, 열악한 노동환경 등이 간접적 폭력의 대표적인 것들이지. 마지막으로 행위 여부에 따라 행위에 의한 폭력인 '작위에 의한 폭력'과 행위를 하지 않아 발생하는 폭력, 당연히 해야 할 것으로 기대되는 행위를 하지 않아 발생하는 폭력인 '부작위에 의한 폭력'이 있어. 부작위에 의한 폭력에는 보호와 관심이 필요한 어린이를 방치하거나 도움을 요청하는 사람을 외면하는 것 등이 있어.

폭력의 삼각형

노르웨이의 평화 연구가 요한 갈퉁이라는 학자는 폭력의 유형에 대해 연구했어. 갈퉁은 폭력은 인간의 잠재성 실현을 방해하는 모든 것이며, '현재 육체적·정신적으로 실현된 바'와 '실현될 수 있었던 잠재력' 사이의 간극을 초래하는 모든 것(구조적, 비의도적, 간접적, 문화적 폭력까지도 포함)이라고 설명했지. 또한 갈퉁은 인간의 기본적 욕구나 권리를 방해하거나 침해하는 것도 폭력이라고 정의했어.

↑ 요한 갈퉁

간접적 폭력에는 '구조적 폭력'과 '문화적 폭력'이 있어. 구조적 폭력은 사회제도나 관습, 정치, 법률 등에서 생기는 간접적이고, 정신적이며 의도되지 않은 폭력이야. 억압이나 빈곤처럼 사회제도나 관습 또는 의식이 폭력을 용인하거나 정당화하는 형태를 띠지. 인간의 잠재적 능력을 충분히 실현할 수 없는 상태를 사회·정치 구조적으로 유지하는 것이 바로 구조적 폭력의 특징이야. 반면 문화적 폭력은 종교·언어·예술 등을 통해 직접적 폭력 행위와 구조적 폭력을 용인하고 정당화하는 기능을 수행하는 상징적인 폭력이야. 종교·이념·언어·예술 등의 이면에 내재해 있는 직접적 혹은 구조적 폭력을 정당화하고 합법화하는 폭력이지.

직접적 폭력과 구조적 폭력, 문화적 폭력은 서로 연관되어 있어서 상호작용을 하며 서로 영향을 미치고 있어. 갈퉁은 이를 '폭력의 삼각형'이라고 일컬었지.

폭력의 종류는 우리가 생각한 것보다 훨씬 다양하고 범위도 넓어. 폭력 없는 사회에 살기 위해서는 '평화'가 필요하겠지? 다음에는 요한 갈퉁이 이야기하는 '평화'에 대해 살펴볼게.

1. 한 학교에서 학생이 도움을 요청했지만, 선생님이 일부러 모른 척했어. 이 상황은 어떤 유형의 폭력에 해당하며, 그 이유는 무엇일까?

2. 다음 중 '간접적 폭력'에 해당하는 것은?

   ① 폭행과 협박   ② 빈곤과 실업   ③ 언어 폭력   ④ 사이버 폭력

3. 다음 중 '부작위에 의한 폭력'의 예로 알맞은 것은?

   ① 친구가 넘어졌는데 그냥 지나친다.   ② 친구에게 욕을 한다.
   ③ 친구를 때린다.   ④ 돈을 빼앗는다.

4. 좁은 의미의 폭력과 넓은 의미의 폭력에 대해 설명해 보자. 그리고 폭력의 허용 여부에 대한 자기 생각도 적어 보자.

더 알고 싶어 119

📑 도서   ▷ 영상   🔍 사이트

📑 『우아한 거짓말』 (김려령, 창비, 2014)

평범한 열네 살 소녀의 죽음을 통해 학교 폭력의 실체와 그로 인한 상처의 깊이를 정면으로 마주하게 하는 작품이야. 작가는 따돌림과 말의 폭력이 얼마나 교묘하고 잔인하게 사람을 무너뜨릴 수 있는지를 이야기하고 있어. 어쩌면 우리 가까이에 있을 수도 있는 학교 폭력에 대해 이 책을 읽으며 알아보자.

▷ 영화 〈인 어 베러 월드〉

이 영화는 단순한 선악의 대립이 아니라, 폭력에 맞서는 또 다른 폭력이 과연 정의가 될 수 있는지를 고민하게 해. 복수와 용서 그 선택의 갈림길에서 우리는 어떤 선택을 해야 할까? 주인공과 함께 고민해 보자.

평화로운 사회를 만들어 봅시다

갈퉁이 말하는 '평화' 그리고 평화를 이끌어 내는 '비폭력 대화법'

노르웨이의 평화 연구가 갈퉁은 폭력 없는 사회를 만들기 위해서는
'평화'가 필요하다고 말했어.
평화란 무엇이고 평화로운 사회라는 건 어떤 의미일까?

학습 키워드　#폭력 #평화 #비폭력 #로젠버그 #비폭력 대화법 #갈퉁 #소극적 평화 #적극적 평화 #간디
교과 연계　중 > 도덕2 > 관계 속에서 발생하는 갈등·폭력을 어떻게 해결할까?

로젠버그의 비폭력 대화법

친구와 주먹다짐을 했다고 가정해 봐. 폭력을 쓰는 상황이 벌어지기 전에 아마 갈등이 있었을 거야. 갈등이 있는 상황에서 대화로 잘 풀었다면 주먹다짐까지 가지는 않았을 텐데…. 로젠버그는 너희가 이런 상황에 처했을 때 도움을 줄 수 있는 '비폭력 대화법'을 제안했어. 비폭력 대화법은 우리 마음속의 폭력적인 부분을 가라앉히고 타인과 공감하거나 연민할 수 있는 상태가 되어 자연스럽게 대화하는 것을 말해. 공격적인 말이나 행위를 제거하고 마음의 평화를 찾은 상태에서 상대에게 강요하지 않고 대화하는 것을 가리키지.

로젠버그가 고안한 비폭력 대화법은 '관찰-느낌-욕구-부탁'의 4단계(요소)로 구성되어 있어.

1단계 '관찰'은 어떤 상황에서 실제로 일어나는 것을 있는 그대로 객관적으로 관찰하고, 그 관찰한 내용을 명확하고 구체적으로 말하는 단계야. 이 단계에서는 섣부른 판단이나 평가를 해서는 안 돼.

2단계 '느낌'은 그 행동을 보았을 때, 내가 어떻게 느끼는지 말하는 단계야. 이때는 평가나 해석을 개입시키지 않는 것이 중요해.

3단계 '욕구'에서는 자신이 알아차린 느낌의 진짜 원인을 말해야 해. 그 느낌이 어떤 욕구와 연결되어 있는지 '~하고 싶어'의 형태로 설명하면 돼.

4단계 '부탁'에서는 내가 원하는 것을 구체적, 긍정적인 표현으로 말하면 돼. 이때 추상적이고 모호한 말은 하지 않고 '~하면 좋겠어'라는 긍정적인 표현을 사용해야 해.

비폭력 대화법은 타인에게 책임을 전가하지 않고 '자신'을 주어로 얘기하는 게 좋아. 자신을 주어로 놓고 자신에 대해 이야기하는 '아이메시지 I-message'도 같은 맥락의 대화법이야. 이를 적용하면 "나는 네가 내 물건을 말하지 않고 써서 마음이 상했어. 앞으로는 허락받고 썼으면 좋겠어."라고 말할 수 있어.

폭력 없는 사회를 만들기 위한 방법

비폭력 대화법은 개인 간에 좋은 관계를 형성하고 '평화'를 유지하는 데 아주 큰 도움이 될 거야. 그러나 사회의 '평화'는 개인 간의 평화만으로는 이뤄 낼 수 없어. 노르웨이의 평화 연구가 갈퉁은 폭력 없는 사회를 만들기 위해서는 '평화'가 필요하다고 말했어.

갈퉁은 평화로운 사회를 구축하기 위해 폭력의 치료(처방)를 제안했지. 그는 치료적 처방으로는 직접적 폭력의 제거를 지향하는 '소극적 평화'를, 예방적 처방으로는 직접적 폭력뿐만 아니라 구조적·문화적 폭력의 종식, 감소를 지향하는 '적극적 평화'에 대해 이야기했어. 소극적 평화는 전쟁을 포함한 직접적·물리적 폭력이 없는 상태이고 국가 안보 개념의 평화를 뜻해. 적극적 평화는 인간다운 삶을 살아갈 수 있는 상태로 간접적 혹은 구조적 폭력이나 문화적 폭력까지는 없는 상태야. 적극적 평화 중에 '직접적이고 적극적인 평화'는 나와 타자 간에 갖는 직접적인 평화이고 '구조적이고 적극적인 평화'는 공동체적이고 간접적인 평화, '문화적이고 적극적 평화'는 종교, 법, 사상 등을 통해 만들어지는 평화야. 적극적 평화는 평화적(비폭력적) 수단으로만 이뤄야 하겠지?

갈퉁은 직접적 폭력뿐만 아니라 구조적·문화적 폭력이 사라진 평화를 추구하고 있어. 그는 적극적 평화를 실현하기 위해서는 결코 폭력적 수단이 개입해서는 안 된다고 강조하고 있지. 평화는 평화로서만 가능하다는 뜻이야.

↑ 간디

평화는 비폭력적인 수단으로 완성될 때 가장 큰 의미가 있어. 비폭력 정신으로 유명한 간디는 어떤 생명도 죽이거나 해쳐서는 안 된다는 '아힘사'의 덕목을 강조했어. 간디는 아힘사를 살아 있는 생명에 대한 차별 금지로 이해했고, 비폭력으로 확대해서 정치 질서나 제도에 대한 저항에까지 적용했어.

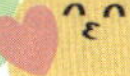

1. 상대방이 허락 없이 내 책을 빌려 갔다. 비폭력 대화법 4단계 중 '부탁' 단계에 해당하는 말로 알맞은 것은?

① 왜 내 책을 허락도 없이 가져갔어?

② 다음부터는 빌리기 전에 꼭 물어봐 줬으면 좋겠어.

③ 네가 그렇게 하니까 화가 나.

④ 내 책을 빌리고 싶을 땐 미리 말해.

2. 다음 중 '소극적 평화'를 나타내는 장면을 골라 보자.

① 전쟁이 끝난 후 총성이 멈춘 마을

② 다양한 종교인들이 모여 대화하는 장면

④ 학생들이 봉사활동하는 장면

③ 국가 간 무역 협정 체결식

3. 갈퉁이 추구하는 진정한 평화의 상태에 대해 설명해 보자.

더 알고 싶어 119

📖 도서 ▷ 영상 🔍 사이트

📖 『평화는 처음이라』 (이용석, 빨간소금, 2021)

평화로운 세상을 만들어야 한다는 것 은 너무도 당연하지. 그런데 말야 평화란 무엇인지, 평화의 렌즈로 세상을 어떻게 읽어야 할지 생각해 본적이 있어? 평화라는 단어에 집중해서 탐구해보고 싶다면 평화활동가가 말하는 평화에 대해 읽어 보자.

▷ 영화 〈엔더스 게임〉

인류와 외계 종족과의 전쟁, 그리고 그 전쟁에서 싸워 이길 수 있는 어린 지휘관 엔더의 이야기를 담고 있어. '전쟁' 그리고 엔더의 '선택'을 풀어 내는 과정 속에서 '평화'의 의미를 스스로 정의해보길 바라.

소통과 대화로 완성되는 평화로운 사회

소통과 대화에 대해서 말하는 의사소통 및 담론 윤리

평화로운 사회는 구성원들 간의 소통과 대화로 완성되는 거야.
소통과 대화가 없는 사회는 구성원들 간의 교류마저 단절된 사회일 테지.
그렇다면 이상적인 의사소통이란 무엇일까?

학습 키워드　#의사소통 #담론윤리 #하버마스 #이상적의사소통 #맹자 #밀 #포퍼
교과 연계　중 〉 도덕2 〉 관계 속에서 발생하는 갈등·폭력을 어떻게 해결할까?

소통과 대화의 중요성

평화로운 사회는 그 사회를 구성하는 사람들의 소통과 대화로 완성될 수 있어. 이들의 소통과 대화는 자발적이고 적극적인 참여 유도를 한다는 점과 소통을 통해 이루어진 합의가 도덕적 정당성을 갖는다는 점에서 큰 의의가 있지. 그렇다면 사회 구성원 간에 이야기를 주고받으며 논의하는 '담론' 과정에 필요한 윤리적 자세는 무얼까? 먼저 우리는 소통과 담론의 과정에 참여할 수 있는 사람들의 권리를 인정해야 해. '이성적 담화 윤리'에 대해 이야기한 하버마스는 시민 누구나 자유롭게 소통에 참여할 자격이 있다는 것을 강조했어.

사회를 구성하는 사람들은 모두 사회적인 문제를 직접 결정하는 주체이기 때문에 사회적·경제적 지위 등을 이유로 그 누구도 소통에서

배제되지 않아야 해. 또한 상대를 존중하는 태도로 대화해야 해. 서로를 존중하는 건 어떤 자리에서나 기본이지만, 특히 소통과 담론 과정에서는 이를 반드시 실천해야 하지. 신라의 승려 원효가 주장한 '모든 종파와 사상을 분리시켜 고집하지 말고 더 높은 차원에서 하나로 종합해야 한다.'라는 '화쟁和諍 사상'도 석가모니 이후에 생겨난 다양한 사상을 하나로 조화시키는 데 중점을 둔 거야. 이러한 생각들은 현대 사회에서 일어날 수 있는 갈등을 해소하려면 포용과 존중의 자세가 중요하다는 걸 알려 주고 있어.

상대를 속이거나 기만하는 태도를 버리고 진실에 근거해서 거짓 없이 대화할 때 진정한 소통이 가능할 거야. 맹자는 사회 구성원들이 소통할 때 방해하는 그릇된 말이나 말씨에 대해 다음과 같이 지적했어. 한쪽으로 치우친 공정하지 못하고 편파적인 말인 '피사詖辭', 음란하고 방탕한 말인 '음사淫辭', 간교하게 속이는 말인 '사사邪辭', 스스로 이론이 궁색함을 알고 회피하려고 꾸며서 하는 말인 '둔사遁辭'가 맹자가 지적한 것들이야. 다음으로 자신의 의견에 오류가 있을 수 있다는 걸 인정하는 겸손한 태도도 필요해. 만일 자신은 '절대 오류가 있을 수 없다.'라고 생각하면서 다른 사람의 주장을 배척하거나 거짓으로 대한다면 당연히 소통이 이루어지기 어렵겠지? 이와 관련해 영국의 철학자 밀은 인간이란 끊임없이 잘못 판단하고 잘못 행동할 수 있는 존재라고 주장하면서 인간의 오류 가능성을 검증하기 위해서는 토론이 중요하다고 강조했어.

관용의 자세

영국의 철학자 포퍼도 '토론'을 강조한 사람이야. 포퍼는 특히 비판과 토론이 지배하고 다수에 의해 소수의 의견이 억압되지 않는 사회를 지향했지. 밀과 마찬가지로 인간의 오류 가능성을 인정한 포퍼는 '비판적 합리주의'를 주장했어. 인간 이성의 유한성, 지식의 불완전성, 인간의 오류 가능성이 전제가 된 사회는 비판적 이성을 통해 정책의 오류를 발견하고 그것을 더 나은 정책으로 대체함으로써 발전한다는 주장이었지. 비판적 합리주의란 '보다 더 나은 방법과 논증을 받아들이고 자신의 잘못을 시인할 수 있는 태도와 마음가짐'을 뜻해.

모든 소통과 대화의 자세에서 가장 중요한 건 타인의 생각이나 잘못을 너그럽게 받아들이고 용서하려는 '관용'의 자세야. 프랑스의 대표적인 사상가 볼테르는 이성을 통해 자신의 무지와 연약함을 깨달아야 상대를 용인하고 용서하는 관용의 미덕을 갖출 수 있다고 생각했어. 관용을 지닌 사람들이 모인 사회는 서로를 잘 이해하는 능력이 뛰어나기 때문에 갈등이나 대립이 발생할 확률도 낮겠지?

1. 하버마스가 말한 '이성적 담화 윤리'의 핵심에 가장 부합하는 것은 무엇인가?

　① 사회적·경제적 지위와 상관없이 누구나 동등하게 참여할 수 있어야 한다.

　② 토론에서 설득력을 높이기 위해 상대의 주장에 반박할 기회를 제한한다.

　③ 자유로운 참여는 보장하되, 논의 주제는 전문가 집단만 결정한다.

　④ 대화 참여자의 발언은 사전에 검열을 거쳐야 한다.

2. 아래 상황 중 '관용의 자세'가 잘 드러난 경우를 모두 골라 보자.

　① 친구가 말한 내용에 일부 오류가 있지만 끝까지 경청하고 부드럽게 자신의 의견을 덧붙인다.

　② 토론 중 다른 사람의 주장이 틀렸다고 생각해도 그 이유를 차분하게 설명하며 더 나은 방법을 함께 모색한다.

　③ 다른 사람의 실수를 크게 지적하며 웃음을 유도한다.

　④ 의견이 다르더라도, 상대방의 입장을 인정하고 대화를 이어 간다.

3. 다음 글을 읽고 맞으면 O, 틀리면 X를 표시해 보자.

> 포퍼는 비판과 토론을 줄이고 사회적 합의를 빠르게 도출하는 것이 발전의 핵심이라고 주장했다. (　　　)

4. 이상적인 의사 소통을 위해 지녀야 할 자세는 무엇인지 자신의 생각을 자유롭게 써 보자.

더 알고 싶어 119

📖 도서　▷ 영상　🔍 사이트

📖 **『다정한 것이 살아남는다』** (라이언 헤어, 버네사 우즈, 디플롯, 2021)
　인간과 사회의 본질을 '협력'이라는 키워드로 다시 바라보게 하는 과학 교양서야. 토론을 위해서는 협력적 의사소통이 필요하지. 우리가 함께 살아남는 길은 서로를 이해하기 위한 다정함이라는 걸 생각해 보자.

▷ **토론의 달인** (지식채널e)
　진정한 민주주의를 위해서는 대화와 소통이 필요하다고 말하곤 하지. 타인의 의견을 듣고 더 나은 사회로 나아가기 위해서는 '토론'이 필요하다는 건 모두가 동의할 거야. 그렇다면 토론은 뭘까? 토론에 정답이 있을까?

팩트! 팩트! 팩트 체크는 어떻게 하는 거야?

미디어 리터러시를 발휘하여 미디어 바르게 쓰기

사이버 공간에 퍼져 있는 다양한 정보들을 어떻게 하면
올바르게 읽을 수 있을지, 윤리적 사고력에 대해 고민해 보자.

학습 키워드　#미디어문해력, #미디어리터러시
교과 연계　중 〉 도덕2 〉 가상공간에서 타인을 어떻게 대해야 할까?

소셜미디어의 장단점

　우리는 스마트폰으로 정말 많은 일을 하고 있어. 스마트폰은 전화와 문자와 같은 휴대 전화 기능부터 사진 촬영, 음악 감상, 영상 편집 등 많은 기능을 할 수 있는 현대인의 필수품으로 자리 잡았지.

　스마트폰은 우리와 세상을 연결해 주는 일도 하고 있어. 우리는 스마트폰으로 뉴스도 읽고 인터넷에 접속해 여러 가지 정보를 검색하기도 하잖아. 이렇게 활용도가 높은 스마트폰은 여러 '미디어'를 다 지니고 있는 미디어 종합 선물 세트야. 미디어란 '정보를 전송하는 매체'라는 뜻이지. 과거에는 우편, TV, 라디오, 신문, 잡지 같은 미디어들이 있었는데, 인터넷의 보급으로 정보화 시대가 되면서 블로그 같은 소셜미디어와 위키피디아 같은 온라인 백과사전 등의 '뉴미디어'가 생겨났어. 많은 정보를 쉽고 빠르게 접하면 좋은 점도 있고 나쁜 점도 있지.

혹시 '돈쭐 낸다'라는 말을 들어 본 적이 있니? 소년 가장으로 힘겹게 살아가던 한 고등학생이 있었어. 이 고등학생은 동생에게 치킨을 먹이고 싶었지만 가진 돈이 5천 원밖에 없어서 매일 가게 앞을 기웃거릴 수밖에 없었지. 그런데 이를 알게 된 가게 주인이 그 학생과 그의 동생을 불러 푸짐하게 치킨을 먹였다고 해. 이 같은 소식이 소셜미디어에 퍼지자, 시민들은 '돈쭐'(돈으로 혼내 준다는 신조어로 '돈을 많이 벌게 해 주겠다'는 뜻)을 내기 위해 이 치킨 가게에 많은 주문을 했고, 사장님도 장사에서 번 돈을 모아 불우한 이웃을 위해 한 구청에 기부했다고 해.

만약 소셜미디어가 없었다면 우리는 이 치킨 가게 사장님의 선한 행동을 몰랐을 거야. 이 사례는 미디어가 가지는 순기능, 즉 장점의 대표적인 사례야. 그런데 이와 정확히 반대되는 사례도 있어. 한 샤부샤부 식당 음식에 이물질이 들어 있었다는 내용이 소셜미디어에 퍼진 적이 있었어. 시민들은 먹는 음식에 이물질이 들어갔다는 사실에 분노했고 그 때문에 그 가게로 향하는 발길이 점차 끊기고 말았지. 그런데 알고 보니 '음식에 이물질이 들어갔다는 것'은 서비스에 불만을 품은 한 시민이 조작한 것으로 밝혀졌어. 이미 그 식당은 막대한 손해를 입은 뒤였지. 이처럼 어떠한 의도를 담아 사실을 조작하거나 거짓된 정보를 유포하는 걸 '가짜뉴스'라고 해. 우리가 많이 보는 '유튜브'에 허위 사실을 담은 콘텐츠가 엄청 많다는 걸 너희도 느꼈을 거야.

미디어 리터러시를 키우려면

그래서 우리는 많은 정보가 범람하고 가짜뉴스가 판치는 시대에 미디어를 올바르게 읽을 수 있는 능력을 키울 필요가 있어. 미디어를 올바르게 읽고 쓸 수 있는 이 능력이 바로 '미디어 리터러시'야. 미디어 리터러시 역량을 지닌 사람들은 첫째, 미디어를 올바르게 읽는 사람들이니만큼 정보를 그대로 수용하는 것이 아니라 제대로 된 정보인지 비판적으로 검토할 수 있어. 둘째, 자신이 파악한 정보를 토대로 정보를 활용하여 자기 생각을 표현할 수 있어. 셋째, 미디어를 읽고 쓸 수 있는 능력이 있어서 새로운 콘텐츠도 창작할 수 있지.

그렇다면 어떻게 해야 미디어 리터러시 역량을 키울 수 있을까?

가장 먼저 정보를 접할 때 그 정보의 출처가 정확한지 확인해야 해. 불명확한 출처는 정보의 신뢰성만 떨어뜨릴 뿐이야. 만약 정보의 출처가 명확하더라도 그 정보가 정말 정확한 것인지 다시 한번 검증해야 해. 관련 분야의 도서를 찾아보거나, 정확한 수치나 통계 등을 통해 사실을 확인할 필요가 있는 거지.

올바른 정보는 타인에게 피해를 끼쳐서는 안 돼. 또한 올바른 정보는 모두의 인권을 존중해야 해. 우리가 접하는 정보가 특정 사람이나 집단을 소외시키거나 사회적 약자를 무시하는 등 도덕적으로 옳지 못한 정보라면 그 정보의 목적과 의도, 진정성을 한 번쯤 의심해 봐야 할 거야.

우리는 종종 어떤 정보의 진실성을 확인하기 위해 '팩트 체크' 혹은 '사실 검증'을 하곤 해. 그럴 때 우리는 '미디어 리터러시 역량을 지닐 준비가 되었다.'고 말할 수 있어. 올바른 '미디어 리터러시' 역량을 기르려면 단순한 팩트 체크에 멈춰서는 안 돼. 너희가 검증한 정보가 모두의 인권을 존중하는지를 다시 한번 점검할 필요가 있어. 이 두 가지 조건을 모두 통과한 정보는 진짜 우리에게 이로운 정보라고 할 수 있겠지?

1. 빈칸에 들어갈 내용으로 적절한 것을 작성해 본다면?

> 정보화 시대에 꼭 필요한 역량으로서 미디어를 올바르게 쓸 수 있는 능력은
> ＿＿＿＿＿＿＿(이)다.

2. 다음 상황에서 '팩트 체크'가 필요한 이유를 서술해 보자.

> 한 블로그에 '한 달에 물 3리터 이상 마시면 건강이 나빠진다.'는 글이 올라왔다. 작성자는 '지인에게 들었다.'는 말을 덧붙였지만 근거 자료나 연구 결과는 제시하지 않았다.

3. 다음 중 전통 미디어와 뉴미디어의 특징을 올바르게 연결한 것은?

① 전통 미디어는 전문가나 기자만 정보를 생산하는 반면, 뉴미디어는 개인이 제작한 정보는 공식 매체를 통해서만 배포된다.

② 전통 미디어는 방송 편성표에 따라 정해진 시간에만 정보를 전달하는 반면, 뉴미디어는 정보가 항상 사실로만 구성된다.

③ 전통 미디어는 TV 뉴스처럼 시청만 가능한 반면, 뉴미디어는 참여형 플랫폼을 제공하지만 댓글과 공유 기능은 제한된다.

④ 전통 미디어는 신문·라디오·TV처럼 정보가 한 방향으로 전달되는 반면, 뉴미디어는 인터넷·SNS처럼 쌍방향 소통이 가능하다.

더 알고 싶어 119

📖 도서　▷ 영상　🔍 사이트

📖 『**미디어 리터러시 쫌 아는 10대**』 (금준경, 풀빛, 2020)

책은 좋은 뉴스와 나쁜 뉴스를 구별하는 기준부터, 가짜뉴스에 속지 않는 법, 미디어 속 숨은 편견과 혐오 표현을 비판적으로 읽어 내는 방법까지 다루고 있어. 단순히 '정보를 소비하는 법'을 넘어서 비판적으로 사고하고 능동적으로 참여하는 시민으로 성장하는 길을 안내하지. 결국 이 책이 말하는 미디어 리터러시는 단순한 기술이 아니라, 세상을 더 공정하게 바라보는 태도야. 미디어 리터러시 더 알고 싶지 않니?

▷ **영화 〈썸머워즈〉**

디지털 시대의 미디어 리터러시가 왜 중요한지를 흥미롭게 보여 주는 애니메이션이야. 가상 세계 'OZ'의 보안 시스템이 단 한 통의 메시지로 무너지고, 그 여파가 현실 사회 전체로 번지는 사건은 정보의 힘과 위험성을 극적으로 드러내지. 정보는 과연 유익하기만 할까?

사이버 공간에서는
제2의 삶을 살아도 될까?

사이버 공간에서 지켜야 할 정보통신 윤리

우리는 때때로 들키지 않는다고 생각하고 '양심'을 어기는 경우가 있어.

이는 현실 세계와 분리된 공간으로 여겨지는 사이버 공간에서 더 심할 때가 많아.

얼굴을 마주 보고는 못할 말을 손가락으로는 쉽게 두드리곤 하거든.

그렇다면 사이버 공간에서는 어떻게 행동하는 게 좋을까?

학습 키워드 #탈억제효과 #정보통신윤리 #예방윤리 #변형윤리 #세계적보편윤리 #스피넬로 #추병완

교과 연계 중 〉 도덕2 〉 가상공간에서 타인을 어떻게 대해야 할까?

정보통신 윤리의 4가지 원칙

사이버 공간에는 우리가 흔히 생각하는 '악플'말고도 매우 많은 문제들이 일어나고 있어. 사이버 폭력이나 개인정보 유출, 사이버 명예훼손 및 사이버 스토킹, 저작권 침해 등의 문제가 바로 그런 문제들이야. 이런 문제들을 해결하려면 '정보통신 윤리'를 갖춰야 해.

정보통신 윤리는 '정보 사회에서 발생하는 윤리적 문제들을 해결하기 위한 윤리적인 규칙과 규범 체계'를 말해. 정보통신 윤리는 단순히 인터넷이나 스마트폰 같은 기기를 다룰 때 지켜야 할 규칙을 안내하는 것을 넘어 정보화 사회를 살아가기 위해 필요한 옳음과 그름, 좋음과 나쁨, 윤리적인 것과 비윤리적인 것을 올바르게 판단해 행동하기 위한 기준이 되는 체계이지.

정보통신 윤리의 기본 방향에는 크게 네 가지가 있어.

첫째, 해야 할 것과 해서는 안 될 행동을 규정하고, 잘못된 행동을 했을 경우 법과 질서로 규제하는 '규제 윤리'가 있어.

둘째, 발생할 수 있는 여러 문제들을 검토하고 그런 일들을 사전에 미리 예방하는 '예방 윤리'가 있지.

셋째, 사이버 공간이라는 새로운 시대의 문제에 맞서 인간의 경험이나 제도 및 정책 변형의 필요성을 강조하는 '변형 윤리'가 있어.

넷째, 우리나라에 국한되어 발생하는 문제가 아닌 사이버 공간을 공유하는 전 세계 모든 사람에게 적용되어야 하는 '세계적 보편 윤리'라는 특징이 있지.

스피넬로와 추병완의 정보통신 윤리의 기본 원칙

스피넬로는 정보통신 윤리의 기본 원칙으로 '자율성의 원칙, 해악 금지의 원칙, 선행의 원칙, 정의의 원칙'을 제시했어.

먼저 '자율성의 원칙'은 이성적 사고를 통해 삶의 이상을 추구하고 스스로 도덕 원칙을 수립하여 그것을 따를 수 있는 능력을 의미해. 타인 역시 그러한 자기 결정 능력이 있다는 걸 존중하는 걸 말하지.

'해악 금지의 원칙'은 "남을 해치지 말라"는 도덕 명령과 같은 것으로 남에게 불필요한 피해나 해악을 끼치거나 상해를 입히는 일을 피해야 한다는 거야.

'선행의 원칙'은 다른 사람에게 사이버 공간에서도 선행을 실천해야 한다는 뜻으로 우리가 다른 사람의 복지를 증진하는 방식으로 행동해야 함을 뜻해. 마지막으로 '정의의 원칙'은 누구에게나 공정한 대우를 해야 하고, 어떤 집단이나 사회에서든 정의로운 기준에 의해 혜택이나 부담이 공정하게 배분되어야 한다는 것을 뜻하지.

추병완이라는 학자도 정보통신 윤리의 네 가지 원칙을 제시했어.

먼저, '존중의 원칙'은 프라이버시(사생활) 및 다양성을 인정하고 자신과 타인에 대한 존중을 실천하는 거야. 특히 지적재산권 문제에 이를 적용할 수 있어.

'책임의 원칙'은 누구에게나 예외 없이 적용되는 원칙이야. 책임은 예상적 책임과 소급적 책임으로 나눌 수 있어. '예상적 책임'은 어떤 행동을 함으로써 일어날 결과를 예상해서 져야 할 책임을 말하고 '소급적 책임'이란 자신이 어떤 행동을 한 뒤에, 행위자로서 원인이 있다고 돌려질 수 있는 사건이나 결과들에 대해 지는 책임을 뜻해.

'정의의 원칙'은 사이버 공간에서 우리가 제공하는 정보가 '진실성', 어느 한쪽에 치우치지 않는 '비편향성', '완전성'의 특징을 지니면서 누구에게나 공정한 표현을 추구해야 한다는 원칙이야. 이와 동시에 타인의 기본적 자유와 권리를 침해하지 않아야 하지.

마지막으로 '해악 금지의 원칙'은 타인에게 피해를 주지 않으면서 타인의 복지를 증진시키는 방향으로 행동하라는 원칙이야. 사이버 공간의 특성상 한 개인의 행동은 우리가 예상하는 범위를 뛰어넘어 불특정 다수에게 엄청난 피해를 줄 수 있기 때문에 늘 조심해야 해.

정보통신 윤리에서 공통적으로 말하는 내용은 '인간 존중의 원칙, 정의의 원칙, 책임의 원칙, 해악 금지의 원칙'으로 요약할 수 있어. 곰곰이 생각해 보면 이 모든 원칙들은 사이버 공간뿐만 아니라 실제 삶에서도 반드시 필요한 원칙들이야. 표현이 더 다양해지고 자유로워질 수 있겠지만 사이버 공간이라고 해서 내가 아닌 건 아니니까. 윤리와 도덕까지 사라지진 않아. 그러니까 어디가 되었든 지켜야 할 건 지켜야 하는 거지.

1. 정보통신 윤리의 방향이 아닌 것은?

① 규제 윤리 ② 변형 윤리 ③ 예방 윤리 ④ 표현 윤리
⑤ 세계적 보편 윤리

2. 수지의 행동이 위반한 정보통신 윤리 원칙으로 가장 알맞은 것은 무엇일까?

> 수지는 친구가 만든 그림을 허락 없이 자신의 블로그에 올리고, 마치 자신이 그린 것처럼 소개했습니다.

① 다른 사람의 사생활과 권리를 존중하고 지적재산권을 지키는 것
② 전 세계 사람들이 함께 지켜야 하는 사이버 안전 규칙을 지키는 것
③ 새로운 기술과 환경에 맞춰 제도와 규칙을 바꾸는 것
④ 사이버 공간에서 발생할 수 있는 문제를 미리 막는 것

3. 사이버 공간에서 지켜야 할 정보통신 윤리의 4원칙을 설명해 보자.

더 알고 싶어 119

📖 도서 ▶ 영상 🔍 사이트

📖 『체리새우: 비밀글입니다』 (황영미, 문학동네, 2019)
사이버 공간에서는 현실보다 더 쉽게 말할 수 있어. 그렇게 올려진 글은 현실에서 소문으로 전파되곤 하지. 이 책은 사이버 공간에서 학교라는 폐쇄적인 공간에 이르기까지 '우리'의 세계에 속하기 위해 진짜 '나'를 감추고 있을 청소년들에게 공감의 외침을 전하고 있어.

▶ 영화 〈스마트폰을 떨어뜨렸을 뿐인데〉
만약 네 스마트폰을 잃어버려서, 스마트폰 속의 정보가 모두 유출된다면 어떨 것 같니? 정보 유출이 만연한 시대에 위험한 상상력을 보여 주는 드라마야. 실제 사건과 닮아 있는 부분이 있어서 더 무섭게 느껴질걸.

알 권리?
잊힐 권리?

알 권리와 잊힐 권리의 논쟁

일기는 지우개로 지우거나 태우면 흔적도 없이 사라질 수 있어.
하지만 사이버 공간에는 흔적이 남아. 이 흔적을 지우고 싶은 사람도 있고,
남겨 두어야 한다는 사람도 있어.
정보화 사회에서 피할 수 없는 이 주제에 대해 한번 생각해 볼까?

학습 키워드   #알권리 #잊힐권리
교과 연계   초5-6 〉 도덕 〉 인권을 존중해야 하는 이유는 무엇일까?
중 〉 도덕1 〉 인권은 보편적 가치일까?

디지털 공간의 장례 지도사

'디지털 장의사'라는 직업에 대해 들어 본 적 있니? 장의사는 장례 의식을 전문적으로 도맡아 치르는 사람이잖아. 마찬가지로 디지털 장의사는 '디지털 공간의 장례 지도사'를 말해. 정보화 사회가 되면서 새롭게 등장한 직업이지.

디지털 장의사는 세상을 떠난 사람들이 생전에 인터넷에 남긴 흔적을 청소해 주는 일을 하고 있어. 이런 일을 하는 대표적인 회사인 미국의 '라이프인슈어드닷컴 '은 300달러(약 34만 원)를 내면 가입한 회원이 죽었을 때 인터넷 정보를 어떻게 처리할지에 대해 적은 유언을 확인한 뒤 페이스북 등에 올려 둔 사진과 다른 사람의 페이지에 남긴 댓글까지 찾아서 삭제해 준다고 해. (물가가 올랐으니까 이용료는 더 올랐을 거야.)

정보화 사회에서는 알 권리와 잊힐 권리가 충돌하는 경우가 종종 생기곤 해. 너희는 어떤 권리가 더 중요하다고 생각하는지 한번 고민하는 시간을 가졌으면 해.

알 권리와 잊힐 권리

'알 권리'는 국민 개개인이 정치적·사회적 현실에 대한 정보를 자유롭게 알 수 있는 권리, 혹은 이러한 정보에 대해 접근할 수 있는 권리를 통칭하는 말이야.

알 권리를 주장하는 근거를 살펴볼까?

첫째, 알 권리는 국민의 자유와 밀접하게 연결되기 때문이야. 공공의 이익을 위해 국가 및 개인에 대한 정보의 접근이나 수집, 처리가 자유로워야 한다는 거지. 특히 범죄자의 범죄 기록에 대한 정보나 공직자가 과거에 했던 부적절한 행동 등은 우리가 반드시 기억해야 할 문제지.

둘째, 표현의 자유가 제한되기 때문이야. 정보에 대한 삭제가 당연해지면 기업 및 정부에 대한 비판적인 의견도 요청에 따라 삭제될 수 있어. 만약 그렇게 된다면 자연스레 국민들이 올바른 표현을 주저하게 될 거야.

2014년 5월 유럽 사법 재판소는 인터넷상의 개인정보 삭제를 요구하는 재판에서 잊힐 권리를 인정하는 판결을 내렸대. 자신의 개인정보가 담긴 기사를 발견한 스페인의 한 변호사가 인터넷 검색 서비스 업체에 해당 기사가 검색되지 않게 해 달라고 요청했는데, 법원에서 이 주장을 받아들인 거지. 이 판결을 계기로 많은 국가에서 잊힐 권리에 관해 관심을 갖기 시작했대.

'잊힐 권리'는 정보 주체가 온라인상에 자신과 관련된 모든 정보에 대한 삭제 및 확산 방지를 요구할 수 있는 자기 결정권 및 통제 권리를 뜻해. 잊힐 권리를 주장하는 이유는 무엇일까?

첫째, 개인의 사생활과 인격 보호 때문이야. 국민의 알 권리 충족을 위해 개인정보를 제한 없이 공개해야 한다는 주장은 개인의 사생활을 침해하고 명예를 훼손하는 등의 문제를 불러일으킬 수 있어. 인터넷에서는 개인정보가 다른 사람에게 쉽게 노출되는 환경에 놓여 있고 최근에는 간단한 인터넷 검색만으로도 쉽게 개인정보를 얻을 수 있을 정도로 인터넷 공간에 각종 정보가 넘쳐 나는 상황이야. 개인정보에 허위 사실이 더해져 확대·재생산되는 경우가 발생하기도 하고, 악의로 타인의 정보를 알아내서 퍼뜨리는, 이른바 '신상 털기'가 일어나는 경우도 있어. 이러한 문제는 심각한 사생활 침해로 이어질 수 있지. 이런 일을 겪은 사람은 사회생활을 정상적으로 하기 어려울 수 있기 때문에 그런 경우 개인정보를 삭제할 수 있도록 하는 잊힐 권리가 중요하다는 거지.

둘째, 알 권리와 마찬가지로 정보를 삭제하는 것 또한 개인의 자유라는 의견이야. 정보를 삭제하는 것도 정보에 대한 자기 결정권을 발휘하는 측면이라는 거지. 개인정보 자기 결정권은 개인 스스로가 자신에 관한 정보를 어느 범위까지 공개할 것인지, 공개한 정보가 어떻게 이용될 것인지를 결정할 수 있는 권리야. 인터넷 이용자는 다른 사람이 자신의 개인정보를 동의 없이 함부로 수집해서 사용하는 것을 막을 수 있어야 해. 개인은 인터넷 공간에 존재하는 자신의 개인정보를 스스로 삭제하거나 또는 삭제를 요청함으로써 개인정보 자기 결정권을 행사할 수 있어.

셋째, 범죄 피해자의 경우 피해자들의 개인정보가 인터넷에 노출되면 피해자의 일상 회복이 어려워질 뿐만 아니라 2차 가해로 이어질 수도 있어서 잊혀질 권리가 중요하다는 의견도 있어.

1. 민수는 5년 전 인터넷에 올린 '닭다리 10개 혼자 먹방' 영상이 계속 돌아다녀서 부끄러워하고 있어. 이럴 때 민수가 행사해야 할 권리는 무엇일까?

   ① 사회·정치 정보에 자유롭게 접근하는 것

   ② 자신의 온라인 기록을 삭제하거나 확산을 막아 달라고 요청하는 것

   ③ 새로운 기술 변화에 맞춰 제도와 규칙을 바꾸는 것

   ④ 범죄나 문제 행동을 미리 막는 것

2. 개인 스스로가 자신에 관한 정보를 어느 범위까지 공개할 것인지, 공개한 정보가 어떻게 이용될 것인지를 결정할 수 있는 권리를 일컫는 말은? __________

3. 다음 중 '알 권리'를 잘못 이해한 것은 무엇일까?

   ① 범죄자의 범죄 기록을 확인하는 것

   ② 국가와 사회에 대한 비판적인 의견을 자유롭게 볼 수 있도록 하는 것

   ③ 친구의 점심 메뉴, 비밀 연애사까지 기사로 내보내는 것

   ④ 공직자가 과거에 했던 부적절한 행동을 알 수 있도록 하는 것

4. 알 권리와 잊힐 권리에 대한 자신의 의견을 써 보자.

더 알고 싶어 119

📖 도서   ▷ 영상   🔍 사이트

📖 『디지털 장의사, 잊(히)고 싶은 기억을 지웁니다』 (김호진, 위즈덤하우스, 2021)

정보사회 속에서 '기억의 영속성'이 불러오는 윤리적 문제와 사회적 책임을 다룬 책이야. 우리가 무심코 남긴 말, 사진, 영상은 디지털 공간에서 결코 사라지지 않고, 시간이 지나도 새로운 형태로 되살아나 개인의 삶을 얽매이게 만들지. 이 책은 SNS와 데이터가 지배하는 세상에서, 기록의 책임과 정보 윤리, 그리고 디지털 시민으로서의 자각이 얼마나 중요한지를 알려 줄 거야.

📖 『나는 그들이 무슨 일을 하는지 알 권리가 있다』 (앤 플로리니, 시대의창, 2011)

'정보의 주인은 시민이다'라는 명제를 실천으로 보여 주는 책이야. 인도, 중국, 나이지리아 등 여러 나라의 사례를 통해 정보 공개와 비밀주의의 갈등, 투명성 확보를 위한 시민 투쟁의 역사를 다루고 있지. 국가와 기업, 국제기구의 투명성 문제를 분석하며, 알 권리가 민주주의의 핵심이자 공공 신뢰의 기반임을 강조하고 있어.

더 나은 사회로 나아간다는 것은 무슨 의미일까?

동서양의 이상 사회

우리는 늘 더 나은 삶을 꿈꾸고 시민으로서 사회(국가)가 현재보다 더 나은 사회(국가)가 되기를 소망하지. 너희가 그리는 사회(국가)의 이상적인 모습은 어떠니? 동서양의 사상가는 이상적인 사회의 모습을 어떻게 이야기했을까?

학습 키워드　#공자 #대동사회 #노자 #소국과민 #플라톤 #토머스모어 #유토피아 #마르크스 #공산사회
교과 연계　초5~6 〉 도덕 〉 정의로운 공동체를 위해 어떻게 행동해야 하는가?
　　　　　　　중 〉 도덕2 〉 정의로운 사회는 어떤 모습일까?

인류가 소망한 이상 사회의 모습

이상 사회란 '인간이 사회를 구성하고 생활하면서 가장 바람직하다고 여기고, 또 그렇게 이루어지기를 바라는 사회'를 뜻해.

인류는 왜 끊임없이 이상 사회의 모습을 추구하는 걸까? 이상 사회에 가까워지려는 노력을 통해 우리 사회가 지금보다 한 걸음 더 발전할 수 있기 때문이야.

동양에서 꿈꾼 대표적인 이상 사회로는 공자의 '대동사회大同社會'와 노자의 '소국과민小國寡民 사회'가 있어. 공자의 대동사회는 풍요롭고 화평한 세상을 말해. '재화가 부족한 것을 걱정하는 것이 아니라 재화를 모두에게 골고루 분배하는 사회'로 사람들이 가난이나 빈곤을 걱정할 필요가 없는 사회이지. 대동사회는 또한 남녀노소(남자와 여자, 노인과 어린아이)

모두가 서로 신뢰하며 화목하게 지내는 사회야. 이렇듯 대동사회는 모든 사람이 더불어 잘살 수 있는 조화로운 사회를 뜻해.

한편 노자는 무위자연의 삶이 실현된 사회로 소국과민 사회를 제시했어. 소국과민 사회는 단어 그대로, 나라의 규모가 작고 백성이 적은 사회를 뜻해. 이곳의 백성은 인간이 세운 인위적인 분별과 차별에서 벗어나 소박한 삶을 살아가지. 또한 이들은 온갖 문명에 무관심하고 자연(도)의 순리에 따라 물과 같은 무위(인위적인 작위를 강제하지 않고, 자연의 법칙과 본성에 순응하는 자연 그대로의 모습)의 삶을 영위하려고 해. 이처럼 소국과민 사회는 무위와 무욕(욕심이 없음)이 실현된 사회로 인간이 만든 인위적인 제도와 규범에서 벗어나 인간 본연의 본성, 즉 자연과 도에 따라 살아가려고 하는 사회를 뜻해.

서양에서 꿈꾼 이상 사회

서양의 플라톤과 토머스 모어도 이상 국가를 꿈꿨어. 플라톤은 국가의 모든 구성원이 자신의 역할을 충실히 수행하며, 지혜를 갖춘 철학자, 즉 '철인哲人'이 다스리는 국가를 이상 국가로 제시했지. 그가 지향한 이상 국가는 '통치자, 군인, 생산자'의 세 계급으로 나누어져 있고, 각 계급에 맞는 덕목을 갖추고 있어. '통치자'는 지혜의 덕, '군인'은 용기의 덕, '생산자'는 절제의 덕을 갖추고 각자의 역할을 충실히 수행할 때 플라톤이 지향하는 정의로운 이상 사회가 완성된다고 보았지.

한편 토머스 모어는 '유토피아'라는 이상 사회의 모습을 제시했어. 유토피아는 빈부 격차 없이 모든 인간이 경제적으로 풍요롭고, 소유와 생산에 있어 평등한 사회를 뜻해. 또한 노동 시간을 정해 놓고, 구성원들이 노동 이외의 시간에는 자신이 하고 싶은 여가나 취미 활동을 충분히 누릴 수 있는 사회이지. 유토피아는 경제적으로 풍요롭고 소유와 생산에서 완전한 평등을 이룬, 도덕적으로 타락하지 않은 사회야.

마르크스는 '공산 사회'를 이상 사회라고 생각했어. 공산 사회는 사유 재산과 계급이 사라지고, 국가의 생산력이 고도로 발전되어 경제적으로 안정된 사회를 뜻해. 또한 자신의 능력에 따라 일하고 필요에 따라 분배받는 평등한 사회야. 마르크스 역시 모어의 유토피아에서와 마찬가지로 사유재산을 인정하지 않았어. 도덕적 타락, 사기나 도둑질과 같은 범죄, 빈부에 따른 차별 등이 사유재산제도 때문에 발생한다고 보았기 때문이지.

"아는 것이 힘이다."라고 말한 철학자 베이컨도 '뉴 아틀란티스'라는 이상 사회를 구상했어. 뉴 아틀란티스는 과학기술의 발전을 통해 인간 생활에 큰 번영과 복지가 이루어진 사회야.

지금까지 동서양에서 말한 다양한 이상 사회의 모습을 살펴보았어. 우리가 꿈꾸는 이상 사회에 다가가기 위해서는 어떤 노력을 해야 할까? 미래에 우리 사회의 중심이 될 너희들도 함께 고민해 보면 좋겠어.

1. 다음 중 공자의 대동사회에 대한 특징으로 가장 적절한 것은?

   ① 정해진 시간 이상의 노동을 하지 않는다.

   ② 재화가 공평하게 분배되는 풍요롭고 화평한 세상이다.

   ③ 나라의 규모가 작고 백성이 적은 사회로 소박함이 특징이다.

   ④ 모든 구성원이 자신의 역할을 충실히 수행하고 철인이 통치한다.

   ⑤ 사유재산과 계급이 사라진 사회로 능력에 따라 일하고 필요에 따라 분배받는다.

2. 다음은 한 사상가가 제시한 이상 사회의 모습이야. 해당 학자와 이상 사회의 이름은?

   > 이 이상 사회는 빈부 격차 없이 모든 인간이 경제적으로 풍요로우며 소유와 생산에 있어 평등한 사회입니다. 또한 노동 시간을 정해 놓고, 구성원들이 노동 이외의 시간에 자신이 하고 싶은 여가나 취미 활동을 충분히 누릴 수 있습니다.

3. 자신이 생각하는 이상 사회의 모습을 써 보자.

 **더 알고 싶어 119**　　　　📖 도서　▶ 영상　🔍 사이트

📖 『**우리의 불행은 당연하지 않습니다**』 (김누리, 해냄, 2020)
　　사회란 무엇인가를 묻는 김누리 교수의 통찰이 담긴 책이야. 저자는 독일 사회의 교육, 복지, 노동, 정치 문화를 통해 '상식이 통하는 사회'의 모습을 보여 주며, 경쟁과 불평등이 일상화된 한국 사회의 현실을 비판적으로 성찰하지. 이상적인 한국 사회의 모습은 어떤 그림으로 그려져야 할까?

▶ **영화 〈아바타〉**
　　판타지 같은 이 영화는 철학적인 주제를 함축하고 있어. 인류의 마지막 희망, 행성 판도라에서 인류가 꿈꾸는 이상적인 미래를 맞이할 수 있을까?

세상에 진실을 외쳐요,
기자(언론인)

이상적인 사회나 국가는 우리 모두의 노력으로 만들어지는 거야. 바람직한 사회로 나아가는 데 걸림돌이 있다면, 우리는 반드시 그걸 제거해서 모두가 행복한 사회로 나아가야 해. 모두가 자신의 권리를 보장받는 사회를 위해 '진실'을 파헤치거나 세상에 숨은 이야기를 찾아내 이 사회를 더 좋은 곳으로 만들기 위해 노력하는 직업이 있다는 걸 알고 있니? 세상에 진실을 외치는 멋진 직업인 언론인, 그중에서도 '기자'라는 직업에 대해 알아보자.

유익한 정보를 제공해 주는 직업, 기자

기자가 어떤 일을 하는 직업인지 궁금하지? 기자는 우리 주변에서 일어나는 각종 사고나 사건, 정치·경제 소식, 생활 정보 등을 신문, 잡지, 라디오, TV, 인터넷 등을 통해 일반인에게 신속하게 알려 주는 일을 하는 사람이야. 일상을 살아가는 우리에게 숨어 있는 여러 사실이나 진실을 알림으로써 유익한 정보를 제공해 주곤 하지.

기자는 활동하는 매체에 따라 방송기자, 신문기자, 잡지기자 등으로 분류되고, 담당 업무에 따라 취재기자, 편집기자, 사진기자 등으로 구분되지. 취재 분야에 따라 스포츠, 연예, 의학 전문기자로 나누기도 해. 기자는 취재(인터뷰) 후에, 수집한 정보를 토대로 주요 내용을 분석, 정리해 편집 형태와 기준에 따라 기사를 작성하는 일을 한단다.

기자가 되려면

기자가 되려면 우선 사회에 관심이 많아야겠지? 언론정보학과나 신문방송학과를 나오면 기자가 될 수 있어. 이들 학과 외에 사회학과, 경제학과, 국어국문학과에서 공부해도 많은 도움이 될 거야.

기자와 비슷한 일을 하고 싶다면 언론인에 해당하는 다양한 직업을 살펴보면 돼. 언론인은 뉴스나 신문 등과 관련된 일에 종사하는 사람들을 말하지. 언론인에는 어떤 직업들이 있을까? TV 뉴스를 보도하는 앵커, 신문이나 잡지의 편집자, 시사 논평을 작성하는 논설위원 등도 언론인이야.

공익을 위해 진실을 알리는 일에 관심이 생겼다면 기자나 언론인이라는 직업에 대해 관심을 가져 봐. 기자라는 직업의 소명에 대해 생각하게 만드는 〈피노키오〉라는 드라마가 있어. 이 드라마 속 명대사로 이 글을 마무리할게.

“기자는 지켜보는 게 공익이야!
그걸로 뉴스를 만들어 내는 게 공익이고!
그 뉴스를 구청 직원이 보게 만들고!
대통령이 보게 만들고! 온 세상이 보게 만드는 게, 그게 기자의 공익이다!
너희가 연탄 두세 개 깨는 동안에 빙판길 문제로 뉴스를 만들었으면 그걸 보고 구청 직원들이 거기에 제설함을 설치했을 거야! 사람들은 집 앞에 눈을 치웠을 거고, 춥다고 손 넣고 다닌 사람들은 넘어지면 다치겠다, 싶어 손을 빼고 다녔을 거다! 니들이 연탄재 몇 장 깨서 몇 명 구하겠다고 뻘짓하고 다니는 동안에 수백수천 명을 구할 기회를 날린 거야! 알아?!”

4부
나라가 뭐길래?
자유롭고 정의로운
세상을 위해
119

국가는 어떻게 시작되었을까?

국가의 기원에 대한 다양한 이론

우리는 태어날 때부터 한 국가의 국민으로 자라게 돼.
우리가 속한 국가는 어떻게 시작되었을까?

학습 키워드　#아리스토텔레스 #자연발생설 #홉스 #로크 #루소 #사회계약설 #공화주의

교과 연계　초5~6 〉 도덕 〉 정의로운 공동체를 위해 어떻게 행동해야 하는가?
중 〉 도덕2 〉 정의로운 사회는 어떤 모습일까?
중 〉 도덕2 〉 국가와 시민의 바람직한 관계는 무엇일까?

아리스토텔레스는 국가의 기원을 인간의 사회적·정치적 본성에 의해 생겨난 인간 간의 결합이라고 생각했어. 사회적·정치적 본성을 가진 인간이 가정을 이루고, 가정이 모여 마을이 되고, 마을이 모여 자연스럽게 국가를 이룬다고 주장했지. 일종의 '자연 발생설'이라고 볼 수 있어.

사회계약설

국가의 기원에 대한 두 번째 대표적인 주장은 '사회계약설'이야. '사회계약론'은 홉스, 로크, 루소 등이 주장한 것으로, 이들은 국가의 기원을 자신의 권리를 보장받기 위해 개인이 동의한 계약에 있다고 보았어. 각 개인은 국가가 없는 자연 상태에서는 자신의 권리를 제대로 보장받지 못하기 때문에 이 상황에서 벗어나기 위해 사회적인 계약을 맺어 국

↑ 홉스

↑ 로크

↑ 루소

가를 만들었다는 주장이야.

홉스는 인간의 본성이 이기적인 데다 투쟁적인 존재라고 인식했어. 이기적인 인간들이 모이면 어떻게 될까? 다툼이 일어나는 일이 많겠지? 그래서 홉스는 사람들이 자기 생명을 보존하고 평화를 획득하기 위해 계약을 맺었다고 생각했어.

로크의 자연 상태, 즉 국가 탄생 이전 시기의 인간은 이성에 따라 모두가 평등하고, 자유로우며, 자신의 생명과 재산에 대해 동등한 권리를 갖고 있었어. 그렇기에 현실의 국가에서도 자신을 보존할 권리(생명권), 자신의 자유에 대한 권리(자유권), 재산에 대한 지배권(소유권) 등을 그대로 보장받아야 한다고 믿었지. 그래서 재산권·자유권과 같은 권리를 보장받기 위해 계약을 통해 국가를 만들었다고 본 거야.

루소는 자연 상태에서 누리던 자유를 보장받기 위해 국가를 형성했다고 보았어. 자연 상태에서 평화를 누리던 사람들이 사회 상태로 넘어오면서 불평등, 무질서, 악덕이 퍼지게 됐고, 이때 사람들이 후천적 불평등을 해소하기 위해 사회계약을 통해 공공 이익을 실현하는 도구로 '국가'를 세웠다는 주장이야.

홉스, 로크, 루소의 사회계약설에서는 국가를 개인의 자유와 권리 등을 보장받기 위한 수단으로 인식했어.

국가의 탄생과 공화주의

국가의 탄생에 대한 세 번째 주장은 '공화주의적 입장'이야. 공화주의란 공화국을 실현하려는 정치적 생각이나 이념을 뜻해. 공화주의 국가, 즉 공화국(주권을 가진 국민이 직접 또는 간접 선거에 의하여 일정한 임기를 가진 국가원수를 뽑는 형태)은 시민의 자유 보장을 위해 법과 공동선에 기반을 두고 주권자인 시민이 만들어 낸 정치 공동체를 뜻해. 따라서 공화주의는 시민의 자유 보장을 바람직한 국가의 출발점이라고 보고 있어. 이처럼 공화주의에서는 국가가 자연 발생적으로 생겨난 것이 아니라 시민의 자유를 지키기 위한 수단으로 생겨났다고 생각했어.

지금까지 국가의 탄생에 관련된 여러 이론들을 살펴봤어. 국가의 탄생에 대한 여러 주장에 관심이 생겼다면 이들의 주장을 더 자세히 탐구해 보자!

1. 다음 설명을 읽고 보기에 제시된 사상가를 바르게 연결해 보자.

> **보기**   홉스   로크   루소

(1) 평등과 자유를 보장하던 상태에서 불평등을 해소하기 위해 국가를 형성한 것

(2) 인간은 이기적이어서 평화를 위해 계약을 맺고 국가를 형성한 것

(3) 자연 상태에서 생명·자유·재산을 지키기 위해 국가를 형성한 것

2. 아리스토텔레스가 주장한 국가의 기원에 대한 설명으로 가장 알맞은 것은 무엇일까?

① 시민의 자유 보장을 위해 계약을 맺어 만든 것

② 작은 마을이 모여 자연스럽게 형성된 것

③ 사유 재산이 없어진 뒤 평등하게 만든 것

④ 법과 공동선을 지키기 위해 시민이 만든 것

3. 다음 중 공화주의에서 국가가 생겨난 목적은 무엇일까?

① 시민의 자유 보장

② 자연 상태에서의 평등 유지

③ 기술 발전을 통한 경제 성장

④ 전쟁을 막기 위한 힘의 균형 유지

4. 홉스, 로크, 루소가 주장한 사회계약설의 공통점을 써 보자.

더 알고 싶어 119

📖 도서   ▷ 영상   🔍 사이트

📖 『**중학생이 보는 사회계약론**』 (장 자크 루소, 신원문화사, 2012)
어려운 사회계약론이라는 주제에 관심이 더 생겼다면 한 걸음 더 나아가 보는 건 어때? 이 책은 루소의 사회계약론을 중점으로 살펴볼 수 있어.

▷ **영화 〈1987〉** (15세 이상 관람가)
1987년 6월 항쟁의 기록을 담은 영화야. 국가가 진실을 은폐하려고 했을 때 대한민국의 시민들은 어떻게 행동했을 것 같니?

시민의 의무는 항상 지켜야 할까?

국가의 권위와 시민의 의무

우리나라 헌법에서는 시민으로서의 의무를 명시하고 있어.
우리가 헌법에서 설명한 시민의 의무를 지켜야 하는 이유는 무엇일까?

학습 키워드 #국가의권위 #인간본성 #동의론 #혜택론 #천명
교과 연계 초5~6 〉 도덕 〉 정의로운 공동체를 위해 어떻게 행동해야 하는가?
중 〉 도덕2 〉 국가와 시민의 바람직한 관계는 무엇일까?

국가의 권위에 대한 정당성

국가는 우리의 권리를 보장해 주기도 하지만 때로는 우리에게 의무를 부여해 명령하기도 하지. 우리가 국가의 명령을 듣는 이유는 국가가 '권위'를 가지고 있기 때문이야. 국가의 권위는 주로 '명령을 내릴 수 있는 권리' 혹은 '통치할 수 있는 권리'를 뜻해. 우리가 국가의 명령을 들어야 하는 이유는 무엇이고 국가의 권위에 대한 정당성은 어떻게 가질 수 있는 것일까?

인간 본성적인 관점: 먼저 인간 본성적인 관점에서 정당화할 수 있어. 개인이 국가의 권위에 복종하는 것은 인간의 본성에서 비롯된 자연스러운 현상이라고 보는 거야. 국가는 자아실현 및 도덕적 능력 계발 같

은 최선의 삶을 가능하게 하기 때문에 인간이라면 누구나 국가의 테두리 안에서 삶의 궁극적 목적인 행복을 실현할 수 있어.

그렇지만 인간 본성에 대한 다양한 관점이 있어서 특정한 국가 공동체에 복종해야 하는 의무가 인간의 본성에서 비롯되었다고 보기는 어려운 면도 있어. 그리고 국가 공동체가 가정이나 다른 공동체와 비교했을 때 우선적인 충성과 헌신을 요구할 만큼 최상의 공동체가 아닌 경우도 있다는 점에서 이를 비판하는 의견도 있대.

동의론적 입장: 사회계약설에 근거하면 정치적 의무는 국가와 시민 사이의 상호계약에 따른 동의를 통해 부여되는 거야. 국가가 개인의 권리 보호 및 공동선의 실현과 같은 역할을 수행한다는 조건하에 시민이 자발적으로 국가의 명령에 복종하기로 약속하는 거지. 여기에도 비판할 점이 있어. 실제로 시민은 명시적이든 암묵적이든 정치적 의무를 이행하기로 계약을 맺거나 동의한 적이 없고, 현대 국가에서는 그 동의를 확보할 제도적 장치를 만들 수 없다는 점이지. 그리고 이 동의가 자발적인 것이 되기 위해서는 재협상이나 철회 가능성이 열려 있어야 해.

자연적 의무: 국가의 권위에 복종하고 시민의 의무를 지키는 것은 자연적 의무라는 입장이야. 생명을 보존하고 존중할 의무, 타인에게 해를 끼치지 않고 곤경에 처한 사람을 도울 의무 등이 인간이라면 누구나 따라야 할 자연적 의무인 것처럼 국가에 대한 충성과 복종 역시 자연적 의무에 속한다는 주장이지. 이 입장에서는 국가를 구성한 인간이 그 국가를 통해 정의를 실현하고 공동선을 증진하는 것은 자연스러운 일이야. 따라서 인간이 국가에 충성하고 복종해야 하는 정치적 의무 역시 정의

와 공동선을 실현하기 위해 지켜야 하는 자연적 의무라고 보는 거지. 하지만 우리가 지키는 정치적 의무 중에는 자연적 의무처럼 도덕적 선이 아니더라도 효율성이나 편의성 때문에 구성원들이 자발적으로 동의하고 따르는 경우도 존재한다는 점에서 이 입장에 문제를 제기할 수 있어.

국가로부터 받는 혜택: 치안, 국방 등 국가로부터 받는 이득과 혜택을 시민이 누리고 있기 때문에 국가의 권위나 법에 복종해야 한다는 거지. 여기에서 국가가 베푸는 혜택은 국가에 의한 국방이나, 고속도로 등 공공재와 제도나 법률, 공동의 이익에 기반을 둔 가치 있고 안정되고 임의적인 규칙인 관행이 있어. 국가에 대한 의무를 이행하지 않는다면 국가가 존속할 수 없으니까 개인은 각자의 권리에 따른 의무를 지녀야 한다는 거지. 그러나 이 입장에서는 국가를 수단적 가치로만 여길 수도 있다는 점, 국가로부터 혜택을 받는다고 해서 그 대가로 조세나 병역을 포함해 생명까지도 요구하는 국가의 권위를 받아들여야 하는지 의문이 제기된다는 점, 국가의 권위가 없더라도 공공재(관행) 공급이 가능하다는 점에서 비판하기도 해.

한편 동양에서는 주로 국가의 권위를 민의(백성들의 뜻)에 기초한 천명天命의 관점에서 정당화하고 있어. 특히 유교 사상에서는 군주의 통치권을 하늘로부터 주어진 것으로 보기 때문에 군주의 통치는 백성을 위한 것이어야 한다고 강조하지. 따라서 국가가 백성을 바르고 평안하게 살도록 만들어 줄 때 백성의 마음을 얻을 수 있고, 그때 국가의 권위가 정당화된다고 보고 있어.

1. 동양의 유교 사상에서 국가의 권위가 정당화되는 조건으로 옳은 것은 무엇일까?

　① 백성이 두려워하는 강력한 힘을 가지는 것

　② 백성의 뜻에 따라 평안한 삶을 보장하는 것

　③ 백성이 국가에 세금을 많이 내는 것

　④ 백성이 군주에게 충성 서약을 하는 것

2. 다음 글을 읽고 맞으면 O, 틀리면 X를 써 보자.

> 자연적 의무론에서는 국가에 대한 복종과 충성이 생명을 존중하거나 해를 끼치지 않는 것과 같은 기본적인 도덕 의무에 포함된다고 본다. (　　　)

힌트 자연적 의무론은 국가 복종을 정의와 공동선을 실현하기 위한 기본 의무로 본다.

3. 다음 중 혜택론적 관점에서 국가의 권위가 정당화되는 이유는 무엇일까?

　① 국가와의 계약에 따른 동의가 있는 것

　② 국가가 시민에게 치안, 국방, 공공재를 제공하는 것

　③ 국가가 자연스럽게 형성된 공동체인 것

　④ 군주의 통치권이 하늘로부터 주어진 것

4. 다음 중 한 가지 관점을 골라 국가의 권위가 정당화되는 이유를 설명해 보자.

> 인간 본성적 관점　　　동의론적 관점　　　혜택론적 관점

더 알고 싶어 119

📖 도서　▷ 영상　🔍 사이트

📖 『1984』 (조지 오웰, 민음사, 2003)

국가 권력이 개인의 삶과 사상을 완전히 통제하는 사회를 그린 소설이야. 조지 오웰은 이 작품을 통해, 거대한 국가 권력이 '감시'와 '언어 조작'을 통해 어떻게 인간의 자유와 사고를 지배하는지를 예리하게 파헤쳤지. 이 책이 던지는 국가의 역할에 대한 메시지는 무엇일까?

▷ 영화 〈암살〉 (15세 이상 관람가)

일제강점기 당시 대한민국 임시정부의 친일파 암살 작전을 소재로 한 영화야. 국가를 잃어버린 암울한 시대에 우리 선조들은 무엇을 위해 독립을 외쳤을까?

민주주의란 무엇일까?

다양한 형태의 민주주의 정치체제

우리나라는 주권이 국민에게 있고
모든 권력은 국민으로부터 나오는 민주공화국 체제를 채택하고 있어.
이에 따르면 우리나라는 '민주주의' 정치체제를 택해 운영하는 나라지.

학습 키워드　#민주주의 #엘리트민주주의 #대의민주주의 #참여민주주의 #심의민주주의 #결사체민주주의
교과 연계　초5~6 > 도덕 > 정의로운 공동체를 위해 어떻게 행동해야 하는가?
　　　　　중 > 도덕2 > 국가와 시민의 바람직한 관계는 무엇일까?

견제와 균형의 원리

대한민국 헌법 제1조

① 대한민국은 민주공화국이다.

② 대한민국의 주권은 국민에게 있고, 모든 권력은 국민으로부터 나온다.

헌법에 명시되어 있듯이 우리나라는 주권이 국민으로부터 나오는 '민주주의democracy' 정치체제를 택하고 있어. 민주주의는 그리스어로 국민을 뜻하는 '데모스demos'와 통치를 뜻하는 '크라토스kratos'가 합쳐진, 국민이 지배하는 통치 형태를 뜻해. 즉 국가의 주권이 국민에게 있고 국민을 위해 정치를 행하는 제도라는 뜻이지. 민주주의 정치체계는 권력이

소수의 손에 있는 것이 아니라 전체 국민의 손에 있어.

현대 민주주의는 사회계약론을 주장한 로크와 루소의 영향을 받았다고 할 수 있어. 로크에 따르면 사회계약은 만장일치의 계약이지만 자연법에 근거해 정치사회를 운영하는 것은 다수의 의지가 되어야 하기 때문에 다수자 지배의 원칙을 주장했어. 이는 사회계약을 통해 이루어지는 권력의 양도를 정치사회 결성에 필요한 모든 권력을 정치사회의 다수에게 양도한 것으로 이해했기 때문이야. 대표를 선출할 권리는 정치사회의 구성원들에게 있고, 시민의 동의에 의해 선출된 대표자가 행하는 대의정치인 '대의제 민주주의'와 맥락을 같이하는 거지.

이렇게 시민의 동의로 운영되는 정치 공동체인 국가는 권력의 남용을 막기 위해 견제와 균형의 원리에 의해 운영되어야 해.

다양한 형태의 민주주의

시민의 자유와 평등, 참여를 강조하는 민주주의는 현대에 '엘리트 민주주의, 참여 민주주의, 심의 민주주의' 등과 같은 다양한 형태의 민주주의로 나타나고 있어. '엘리트 민주주의'는 유권자인 시민이 적절한 대표자인 엘리트를 선출해 나라 운영을 맡기는 형태의 민주주의를 뜻해.

슘페터의 엘리트 민주주의는 인민의 표를 얻기 위한 정치 엘리트들 사이의 경쟁적 투쟁을 통해 특정 정치 엘리트가 정치적 의사 결정권을 장악하는 제도적 장치야. '인민에 의한 통치가 아니라 인민에 의해 승인된 통치'로 인민이 지배하는 정치체제가 아니라 엘리트가 지배하는 정치체제이지. 선출된 의원들은 재량권을 갖고 능동적으로 국가를 대표하게 되고, 인민과 시민의 역할은 선거에서 대표를 택하는 일뿐이야. 엘리트 민주주의는 국민에 의한 지배보다는 선출된 정치인에 의한 지배라는 성격이 강한 정치 제도야. 유권자의 투표가 선출된 대표자의 정치적 행위에 정당성을 부여하기 때문에 시민은 자율성과 책임성을 바탕으로 대표자를 잘 선출해야겠지?

'대의 민주주의'는 국민들이 대표자를 선출해서 정책 문제를 해결하는 민주주의로 정치적 대리인인 대표자를 선출해서 정치권력을 위임하는 정치 형태를 뜻해. 엘리트 민주주의는 여기서 대표자가 '엘리트'가 되는 것이지.

'참여 민주주의'는 다수의 시민이 의사 결정 과정에 자발적으로 참여하는 형태의 민주주의를 뜻해. 예를 들어 시민은 자문 위원회나 공청회, 청문회 참여, 시민 단체 활동 등을 통해 정부의 정책 결정과 집행 과정에 직접적인 영향력을 행사할 수 있어. 이는 시민들이 자신과 관련된 정치 공동체의 규율과 규제를 형성하는 일에 주도적으로 관여하는 제도적 장치를 마련하는 정치체제라는 뜻이야.

'심의 민주주의'는 토론, 의사소통의 방식으로 시민이 직접 공적 심의(심사하고 토의하는) 과정에 참여해 정책을 결정하는 형태의 민주주의야. 다양한 정치적 견해를 가진 시민과 전문가 및 대표자가 함께 참여하는 공적 심의를 통해 시민은 자신의 선호를 정책 결정 과정에 적절히 반영할 수 있고, 대표자는 공공성을 추구하는 정책을 만들어 낼 수 있다는 특징이 있어. 한편, '결사체 민주주의'는 시민사회에 존재하는 사회집단, 결사체를 공적인 업무에 참여시키는 것으로 민주적 통치의 주체가 시민의 자발적 조건인 결사체가 되는 정치 형태를 말해. 중요한 일은 국가가 수행하지만, 결사체를 통해 국가 기구의 권력 분산을 추구하는 형태이지. 결사체 민주주의의 정책 결정과 집행은 결사체 구성원들의 협의를 통해 이뤄지고, 이 협의 과정은 모든 개인이나 집단에 개방한다는 특징이 있어.

1. 로크가 권력 분립으로 강조한 권한을 있는 대로 고른 것은?

① 거부권   ② 사법권   ③ 입법권   ④ 집행권   ⑤ 행정권

2. 다음 설명에 해당하는 민주주의 형태로 옳은 것은 무엇인가?

> 시민이 자문 위원회, 공청회, 시민 단체 활동 등을 통해 정부의 정책 결정과 집행 과정에 직접 영향을 미치는 형태의 민주주의

① 대의 민주주의   ② 엘리트 민주주의   ③ 참여 민주주의   ④ 심의 민주주의

3. 다음 문장이 맞으면 O, 틀리면 X를 써 보자.

> 엘리트 민주주의에서는 대표자가 시민의 정치적 대리인이며, 시민은 주요 정책 결정 과정에 직접 참여한다. (   )
> 심의 민주주의는 다양한 정치적 견해를 가진 사람들이 토론과 의사소통을 통해 정책을 결정하는 방식이다. (   )

4. 대의 민주주의, 심의 민주주의, 참여 민주주의의 특징을 각각 써 보자.

더 알고 싶어 119

📖 도서   ▷ 영상   🔍 사이트

📖 『생쥐 나라 고양이 국회』 (앨리스 메리쿠르, 책읽는곰, 2020)
어린이의 눈으로 바라 본 선거와 민주주의를 말하고 있는 책이야. 선거와 민주주의가 다소 어렵게 느껴졌다면 생쥐나라의 이야기로 접근해 볼까?

▷ 영화 〈정직한 후보〉
거짓말이 제일 쉬운 3선 국회의원 '자상숙'이 하루 아침에 거짓말을 못하게 되면서 벌어지는 이야기를 유쾌하게 담았어. 즐겁게 웃으면서 정치란 무엇인지에 대해 생각해 볼 수 있을 거야.

올바른 정치란 무엇일까?

국가를 바로 세우기 위한 올바른 정치

동양의 사상가들이 말하는 올바른 정치에 대해 살펴보면서
이 시대에 우리가 바라는 이상적인 정치의 그림을 그려 보자.

학습 키워드 #정명 #덕치 #예치 #인정 #왕도정치 #역성혁명 #한비자 #법치 #노자 #무위정치

교과 연계 초5~6 〉도덕 〉정의로운 공동체를 위해 어떻게 행동해야 하는가?
중 〉도덕2 〉정의로운 사회는 어떤 모습일까?
중 〉도덕2 〉국가와 시민의 바람직한 관계는 무엇일까?

공자와 맹자의 올바른 정치

동양의 사상가들은 국가가 '올바르게' 운영되기를 바라는 마음이 컸어. 그래서 올바른 정치와 올바른 지도자에 대해 늘 이야기했지.

공자는 정치가 '정명 사상(각자가 '다움'을 실천하는 것, 정치의 근본으로 이름에 따른 본분을 다하는 것)'에 입각해 사회관계에 내재해 있는 역할을 충실히 수행할 것을 강조했어. 정치란 바로잡는 것이고, 정치의 목표는 정치적, 사회적 질서와 조화라고 생각했지.

그래서 공자는 최고의 도덕성을 갖춘 군주가 덕으로서 백성을 통치하는, 정명에 근거한 '덕치德治'를 지향하고 법률(법령)이나 형벌보다는 '도덕과 예의(예의 제도)'로 백성들을 교화시키고자 했어. 이는 백성들의 욕망의 한계를 설정해 줌으로써 각자의 본분을 지키고 겸양을 발휘하

게 하기 위한 '예치禮治'이기도 했어. 인간 행동의 법도와 본분을 정해 모든 사람들이 그에 따르게 하려는 정치였지.

맹자에게 있어 올바른 정치는 '인의仁義'라는 윤리적 원리에 바탕을 둔 정치였어. 즉 차마 하지 못하는 마음이라는 뜻을 가진 불인지심不忍之心을 가지고 행하는 '인정仁政'이 올바른 정치라고 생각했지. 인정에서 참된 통치자는 안으로는 성인의 마음을 갖추고, 밖으로는 군주의 덕을 갖춘內聖外王, 내성외왕 백성을 진정으로 사랑하는 사람이야. 또한 백성을 도덕적으로 교화함으로써 조화롭고 평화로운 공동체를 형성하고 유지해 나갈 수 있는 사람이지. 따라서 '인정'을 실시한다는 것은 도덕적 교화로 인을 실천하는 정치, 즉 자기 친족을 사랑하는 마음으로 천하 사람들을 사랑하는 것과 다름없었어.

맹자의 '왕도정치王道政治'는 이익을 수단으로 삼고 도의를 궁극적인 목적으로 삼는 정치, 덕을 바탕으로 인을 실천하는 것이었어. 백성들에 대한 도덕적 교화(인륜 교육)를 통해 행해지는 정치로 민의(백성의 뜻)를 존중한다는 특징이 있지. 그렇기에 백성이 근본이라는 '민본사상民本主義'과 연결되는 거야.

맹자는 또한 백성들이 안정된 일상을 살아가게 하는 걸 놓쳐서는 안 된다고 생각했기 때문에 '항산恒産(안정된 일정한 생업)'과 '항심恒心(도덕적 마음)'의 조화를 중점에 두었어.

한비자의 법치와 노자의 무위의 정치

법가 사상의 대표 주자답게 '법'을 강조한 한비자는 법에 의한 통치인 '법치'만이 사회 혼란을 해소하고 백성의 안녕을 실현할 수 있는 올바른 통치라고 생각했어. 법은 모든 사람에게 평등하게 적용되는 시비나 선악의 판단 기준이기 때문에 형법을 엄격하게 준수하는 공정한 법 집행이야말로 국가 질서 유지의 최선이라고 보는 견해였지. 한비자는 법이 백성들이 해야 할 일과 하지 말아야 할 일을 알려 주는 것이기 때문에, 강력한 상벌을 시행해서 백성들이 악을 행하지 못 하게 한다면 나라를 잘 다스릴 수 있다고 말했어.

'무위'의 노자는 정치도 '무위의 정치'를 지향했어. 무위의 정치는 한 국가의 통치자는 무위의 도를 본받아, 통치자 자신은 아무것도 하지 않고 백성들 자신이 할 수 있는 일은 백성들이 스스로 하도록 내버려두는 정치였어. 무위 정치에서는 백성들의 필요를 채워 주고, 하늘을 섬길 때는 자연에 어긋나지 않게 하며, 배움(학문)을 끊고 백성들을 어리석게 하며 지나친 욕심을 버리게 하는(무욕) 정치, 즉 '무지'와 '무욕'을 강조했지.

1. 다음 설명에 해당하는 정치 사상가로 가장 적절한 사람은?

> '정명 사상'을 바탕으로 도덕과 예의로 백성을 교화하며, 법과 형벌보다
> 덕치(德治)를 중시한 정치

① 맹자　　　　② 공자　　　　③ 한비자　　　　④ 노자

2. 다음 중 맹자의 정치관에 대한 설명으로 옳지 않은 것은?

① 인의에 기초한 인정(仁政)을 중시하였다.
② 백성의 생업 안정(항산)과 도덕적 마음(항심)의 조화를 강조하였다.
③ 법과 형벌의 엄격한 적용이 사회 질서 유지의 핵심이라고 보았다.
④ 백성을 근본으로 하는 민본사상과 연결되는 왕도정치를 주장하였다.

3. 다음은 어떤 나라의 채용 공고야. 괄호 안에 들어갈 정치 사상을 골라 보자.

> 백성 여러분! 저희 나라는 새로운 통치자를 찾습니다. 자격 요건은 '법을 누구에게
> 나 공평하게 적용할 수 있는 사람', '규칙을 어기면 반드시 벌을 줄 수 있는 사람'입
> 니다. 상과 벌을 분명히 하고, 법으로 사회 질서를 유지할 분을 찾습니다. 이 정치
> 방식은 __________입니다.

① 덕치　　　　② 법치　　　　③ 인정　　　　④ 무위의 정치

4. 맹자의 왕도정치에 대해 써 보자.

- -

더 알고 싶어 119

📖 도서　▶ 영상　🔍 사이트

📖 『10대를 위한 정치 토크』 (승지홍, 다른, 2020)
청소년이 스스로 정치적 사고력을 키울 수 있도록 돕는 시민 교양서야. 선거권이 만 18세로 확대된 지금, 저자는 정치가 더 이상 '어른들만의 일'이 아니라 청소년이 직접 참여하고 판단해야 할 사회의 문제라고 말하지. 단순한 정치 입문서를 넘어, 민주주의 사회에서 건강한 비판과 대화를 배우는 첫걸음이 되는 책이야.

📖 『10대를 위한 선거 수업』 (승지홍, 다른, 2018)
이 책은 선거에 대한 단순한 제도 설명에 그치지 않고, 청소년도 현재의 시민으로서 정치적 판단력을 길러야 한다는 메시지를 전하고 있어. 표의 가치, 투표의 책임, 선거 참여의 중요성을 스스로 사고하도록 이끌면서, 선거는 어른들의 일이 아닌 우리 모두의 일임을 깨닫게 하는 책이야.

우리에게 허용되는 자유는 어디까지일까?

자유의 의미와 자유의 한계선

'자유권'은 세계 인권 선언문과 헌법에 명시된 인간의 기본적인 권리야.
우리가 하고 싶은 대로 할 수 있는 권리를 말하지. 이러한 자유는 어디까지 허용될 수 있을까?
자유의 의미를 토대로 자유의 한계선에 대해 생각해 보자.

학습 키워드 #자유 #장자 #스토아학파 #소극적자유 #적극적자유 #밀
교과 연계 초5~6 〉 도덕 〉 정의로운 공동체를 위해 어떻게 행동해야 하는가?
중 〉 도덕2 〉 정의로운 사회는 어떤 모습일까?
중 〉 도덕2 〉 국가와 시민의 바람직한 관계는 무엇일까?

정신적 자유의 의미

인간은 자유로울 수 있는 권리가 있다는 말을 부정할 수 있는 사람은 없을 거야. 그렇다면 '자유'란 뭘까? 사전에서는 자유를 '외부적인 구속이나 무엇에 얽매이지 아니하고 자기 마음대로 할 수 있는 상태'라고 설명하고 있어.

동양의 사상가 장자는 절대적인 정신의 자유인 '소요유^{逍遙遊}'를 강조했어. 소요유란 '도와 합일된 절대적인 정신적 자유의 경지'를 말해.

스토아 학파도 정신적 자유에 초점을 맞췄어. 그들에게 있어 자유란 발생하는 사건들에 대한 자신의 내적인 판단과 태도, 행위를 자유롭게 선택하고 결정할 수 있다는 의미에서의 자유였지. 우리의 자유의지는 우리가 조절할 수 있는 것이 유일하고 우리에게 일어나는 여러 사건들에

대한 태도뿐이라는 주장이야.

장자나 스토아 학파 외에도 자유에 대해 말하는 철학자들은 엄청나게 많아. 그렇지만 우리는 자유롭고 정의로운 국가 속의 자유를 살펴봐야 하니까 시민으로서의 '자유의 범위'에 한해서만 생각해 볼게.

우선 자유는 '소극적 자유와 적극적 자유'로 구분할 수 있어. '소극적 자유'는 외부로부터 간섭이나 방해가 없는 상태로 '~(으)로부터의 자유'라고도 해. 소극적 자유는 개인의 자유와 선택권을 강조하지. 반면 적극적 자유는 자신의 선택과 결정에 따라 목적을 설정하고 그것을 실현하고자 노력하는 상태야. 개인이 자신의 주인으로서 자기 목적을 실현시킬 수 있는 능력을 의미하며 '~(을)를 향한 자유'라고도 해. 이는 우리의 가능성을 완전하게 실현하기 위해서는 때로 국가의 도움과 안내가 필요하다는 것을 적극적으로 고려한 견해에서 나온 자유이기도 해.

자신이 원하는 대로 살아갈 수 있는 자유

밀은 『자유론』이라는 저서가 있을 만큼 자유에 대해 깊게 고민한 사상가 중 한 명이야. 밀에게 있어 자유란 각자 자신이 원하는 대로 자신의 삶을 살아갈 수 있는 자유, 시민적 자유 혹은 사회적 자유를 뜻해. 밀에게 자유가 중요한 이유는 자유만이 자신의 방식대로 살아갈 수 있도록 해 주기 때문이야.

밀에 따르면 자유는 폭넓게 허용되어야 해. 다만 밀은 자유가 타인에게 피해를 끼친다면 그 자유는 제약받을 수 있다고 설명했어. 권력이 개인의 자유에 간섭할 수 있는 건 타인에게 미치는 피해를 방지할 때만 가능하다는 거야. 이를 '해악 금지의 원칙'이라고도 해. 여기서 타인에게 미치는 피해란 한 사람의 행위가 타인의 자유를 위반했다는 것을 의미해.

밀은 자유 중에서 특히 인간의 사고와 정신의 자유, 양심과 의사 표현 및 결사의 자유를 강조했어. 그 때문에 비판과 토론을 중요하게 생각했지. 모든 사람은 완전하지 못하기에 비판과 토론을 통해 더 나은 사회를 만들어 갈 수 있다고 본 거지.

표현의 자유를 중시하더라도 그 자유가 타인에게 피해를 끼친다면 마찬가지로 제한을 받아야겠지? 우리나라 헌법에도 이와 비슷한 내용을 설명하고 있어.

대한민국 헌법 제37조 제1항

국민의 모든 자유와 권리는 국가 안전 보장, 질서 유지 또는 공공 복리를 위하여 필요한 경우에 한하여 법률로써 제한할 수 있다.

자유는 우리에게 꼭 필요하고 중요한 가치지만, 그 자유가 타인에게 상처나 피해를 끼치면 안 된다는 점이 중요해.

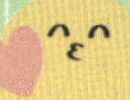

1. 현수는 학교 운동장에서 드론을 날리려고 한다. 하지만 낮게 날아가는 드론이 친구들 머리 위를 스치자, 친구들이 놀라고 불편해했다. 다음 중 이 상황에 대한 가장 올바른 판단은 무엇일까?

① 자유는 무엇보다 중요하니 계속 날려도 된다.

② 친구들에게 피해를 주었으므로 드론을 멈추어야 한다.

③ 국가에서 허용한 자유라면 문제없다.

④ 친구들이 허락한다면 피해가 아니므로 계속 날려도 된다.

2. 다음은 밀의 자유의 한계에 대한 설명이야. 옳으면 O, 틀리면 X를 써 보자.

> 다른 사람에게 피해를 주지 않는 한, 나의 자유는 제한되지 않는다. (   )

힌트 밀의 해악 금지 원칙에 해당함. 자유는 폭넓게 보장되지만 타인에게 해를 끼치는 순간 제한될 수 있어.

3. 소극적 자유와 적극적 자유에 대해 설명한 후 자신의 입장과 일치하는 내용을 써 보자.

더 알고 싶어 119

📑 도서 ▷ 영상 🔍 사이트

📖 『**엄마가 수놓은 길**』 (재크린 우드슨, 주니어RHK, 2022)
8대에 걸친 흑인 여성 가족의 삶을 조각보 퀼트로 풀어낸 재클린 우드슨의 그림책이야. 노예제와 인종 차별이라는 참담한 시대를 배경으로, 자유와 희망을 잇기 위해 헝겊 조각을 꿰매며 살아온 여성들의 강인한 생명력과 연대의 이야기를 들려주지.

📖 『**우리도 행복할 수 있을까**』 (오연호, 오마이북, 2014)
행복지수 1위 덴마크 사회의 비결을 '자유, 안정, 평등, 신뢰, 이웃, 환경'이라는 6가지 키워드로 풀어낸 탐구서야. 저자는 1년 6개월 동안 덴마크의 학교, 기업, 공동체를 직접 취재하며, 행복이 개인의 감정이 아니라 사회 시스템과 공동체 의식에서 비롯된 결과임을 보여 주고 있어.

정의롭게 나누는 법, 철학자에게 물어봤어요

'국기에 대한 경례' 문구에
자유롭고 정의로운 대한민국이라고 언급하는 부분이 있잖아.
여기서 '정의롭다'라는 것은 어떤 의미일까?

학습 키워드　#분배적정의　#능력업적평등필요　#롤스　#정의의원칙　#노직　#취득양도교정의원칙

교과 연계　초5~6 〉 도덕 〉 정의로운 공동체를 위해 어떻게 행동해야 하는가?
　　　　　　중 〉 도덕2 〉 정의로운 사회는 어떤 모습일까?

분배적 정의를 위한 원칙

'정의'란 개인 간의 올바른 도리 또는 사회를 구성하고 유지하는 공정한 도리를 말해. 정의는 사회적 관계에서 실현되는 가치라서 '사회 정의'라고도 하지. 사회 정의는 크게 '분배적 정의'와 '교정적 정의'로 나눌 수 있어. 여기서는 분배적 정의에 대해 알아볼 거야.

살다 보면 '다양한 종류의 사회적 이익과 부담이 생기는데 이를 공정하게 분배하는 원칙과 관련된 것'이 바로 분배적 정의야. 분배적 정의의 기준에는 모든 사람에게 동일하게 분배하는 '평등', 기여한 정도에 따라 분배하는 '업적', 능력이 뛰어난 사람에게 더 많이 분배하는 '능력', 사람들의 필요에 따라 분배하는 '필요' 같은 것들이 있어.

이와 달리 분배 기준 자체보다 분배를 위한 절차를 강조하는 입장

도 있어. 절차나 과정이 공정하면 결과의 공정성도 보장된다는 생각이지. 절차적 정의의 대표적인 인물인 미국의 철학자 롤스와 노직을 소개할게. 두 철학자 모두 자유주의자인데, 분배적 정의에 대한 입장이 어떻게 다른지 비교해 보는 것도 재밌을 거야.

롤스와 노직의 분배적 정의

롤스는 공정한 분배를 위한 정의의 원칙을 주장했어. 그가 말한 '정의의 2원칙'은 다음과 같아.

제1원칙: 평등한 자유의 원칙은 각 개인은 기본적 자유에서 평등한 권리를 가져야 한다.

제2원칙: 사회적·경제적 불평등은 ① 최소 수혜자에게 최대의 이익을 보장하도록 이루어져야 하고(차등의 원칙), ② 공정한 기회균등의 조건 아래 모든 사람에게 개방된 직책이나 직위와 결부되도록 배정되어야 한다.(공정한 기회균등의 원칙)

이 원칙은 롤스가 주장한 자유롭고 평등한 개인이 공정한 조건에서 무지의 베일(지위나 계층, 능력 등 자신뿐만 아니라 타인의 우연적인 조건을 알 수 없게 하는 장치)을 쓴 채 합의한 결과야. 롤스는 이러한 정의의 원칙을 따를 때만 절차적 공정성이 확보되기 때문에 공정한 분배가 실현될 수 있다고 본 거지.

↑ 롤스

노직은 '재화의 취득과 이전의 절차나

과정이 정당하다면 그 과정을 통해 얻은 소유물에 관해서는 개인이 절대적 소유 권리를 가진다.'고 보았어. 정당하게 얻은 소유물은 그 누구도 건드릴 수 없다는 뜻이지. 노직이 말하는 정의의 원칙도 함께 살펴 볼까?

↑ 노직

노직에 따르면 개인의 자유를 중시한다는 걸 느낄 수 있어. 노직은 국가가 강압, 절도, 사기, 강제 계약의 발생을 막는 일 이상의 역할을 해서는 안 되며, 재화의 분배에 적극적으로 관여하기보다 최대한 개인의 자유에 맡겨야 한다고 주장했지. 이러한 국가를 '최소국가'라고 해. 이는 개인의 생명과 재산에 대한 권리를 보호하는 제한된 행위만을 수행하는 국가로서 외국의 침략으로부터 국민을 보호하고 치안을 유지하며, 이러한 기능을 수행하기 위해 필요한 세금만을 징수할 수 있고, 복지 정책이나 공공사업을 강제로 수행해서는 안 돼.

한편 철학자 왈처는 '다원적 분배 정의론'을 주장했어. 이는 단일한 분배 정의의 원리에 입각한 정의관에 반대하는 것으로, "상이한 사회적 가치는 상이한 이유와 상이한 절차에 따라 상이한 주체에 의해서 분배되어야 한다."는 주장이야. 사회적 가치는 역사적이고 문화적인 특수성의 필연적 산물이고, 분배 정의는 사회적 맥락의 다양성과 영역의 자율성에 기초하고 있어. 따라서 각 영역은 고유한 원리에 따라 합당한 사회적 가치들을 형성하기에 각 영역의 고유한 기준에 따라 분배되는 사회, 즉 '다원적 평등 사회'가 옳다는 주장이지.

↑ 왈처

1. 국가가 강압, 절도, 사기, 강제 계약의 발생을 막는 일 이상의 역할을 해서는 안 되며 재화의 분배에 적극적으로 관여하기보다 최대한 개인의 자유에 맡겨야 한다는 노직의 국가 형태는?

2. 다음 중 롤스의 '정의의 제2원칙'에 해당하지 않는 것은 무엇일까?

① 최소 수혜자에게 최대의 이익이 되도록 분배한다.

② 모든 사람이 공정하게 경쟁할 기회를 가져야 한다.

③ 능력이 뛰어난 사람에게 더 많이 분배한다.

④ 직책이나 직위는 누구에게나 열려 있어야 한다.

3. 학교에서 성적이 낮은 학생들에게 무료로 방과후 수업을 제공하기 위해 모든 학생에게 한 달에 5천 원씩 '교육 지원 세금'을 걷으려고 해. 어떤 방법으로 분배하는 것이 가장 공정할까? 아래 사상가들의 입장을 참고하여 자신의 입장을 써 보자.

> **롤스**: 일부 학생이 세금을 내야 하지만 학습에 어려움을 겪는 학생들이 더 나은 교육을 받을 수 있다.
>
> **노직**: 교육 지원 세금은 다른 사람을 돕기 위해 개인의 돈을 강제로 빼앗는 것이다.

더 알고 싶어 119

📖 도서　▷ 영상　🔍 사이트

📖 **『공정하다는 착각』** (마이클 샌델, 와이즈베리, 2020)
열심히 노력하면 누구나 성공하는 세상이 옳을까?라는 질문에 의문을 제기하는 책이야. 공정하다는 건 무엇일까?

▷ **영화 〈카트〉**
대형 마트의 계약직, 인턴, 파견직, 비정규직이라고 불리는 직원들이 부당해고를 당한 이후 이 부당함에 맞서면서 벌어지는 이야기를 그린 영화야. 우리 사회에 있었던 부정의를 엿볼 수 있어.

"사형은 꼭 필요한 벌일까?" 정의로운 벌에 대한 생각들

교정적 정의란 무엇일까?

정의는 사회적 재화를 분배할 때도 필요하지만
시비를 가리고 옳고 그름을 분별할 때도 필요해.
이를 교정적 정의라고 하지. 교정적 정의란 구체적으로 무엇을 말하는 것일까?

학습 키워드　#교정적정의　#응보주의　#공리주의　#사형제도　#루소　#베카리아
교과 연계　중 > 도덕2 > 정의로운 사회는 어떤 모습일까?

　여기 카리스마 넘치는 자세로 서 있는 동상의 주인공은 정의의 여신 '디케^{Dike}'야. 이 여신의 조각상은 한 손에는 저울을, 다른 한 손에는 법전이나 칼을 들고 있고, 눈은 감고 있거나 천으로 가려져 있지.

　디케가 들고 있는 저울은 모든 사람을 공평하게 대우하겠다는 뜻이고, 칼은 잘못한 사람들에게 엄격하게 벌을 주겠다는 뜻이야. 감거나 가린 눈의 의미는 특정한 입장을 가진 사람에게만 유리한 판결을 내리지 않겠다는 의미를 담고 있지. 디케가 가

↑ 디케

진 상징적인 의미를 해석하면 '법 앞에서의 평등'이 올바르게 실현될 수 있도록 공정하게 법을 집행하겠다는 뜻인 걸 알 수 있어.

교정적 정의와 처벌 정당화의 관점

이렇게 법의 집행과 관련된 정의를 '교정적 정의'라고 해. 교정적 정의는 어떤 잘못에 대한 대응이 공정한지에 관한 것이며, 주로 국가가 법 집행에 의한 처벌을 통해 불법 행위나 부정의를 바로잡으면서 실현되지.

법에 따른 처벌을 정당화하는 관점은 크게 두 가지가 있어. 먼저 '응보주의 관점'에서는 타인에게 해악을 준 사실만을 처벌의 근거로 삼고 있기 때문에 처벌의 경중을 범죄의 해악 정도에 비례해서 정해야 한다고 주장하지. 즉 무거운 범죄는 무겁게, 가벼운 범죄는 가볍게 처벌해야 한다는 말이야. 하지만 이 관점은 범죄 예방과 범죄자의 교화에 상대적으로 무관심하다는 비판을 받았어.

한편 '공리주의 관점'에서는 사회 전체의 이익을 처벌의 근거로 삼고 있지. 그래서 사회의 이익에 따라 처벌의 경중을 정해야 한다고 주장하는 거야. 즉 사회 전체의 이익을 증대시키기 위해 범죄를 억제하는 힘을 고려해 처벌 수준을 정해야 한다는 거지. 하지만 이 관점은 처벌의 예방적 효과를 증명하기 어렵고, 사회적 이익을 최우선으로 생각하기 때문에 인간의 존엄성을 훼손할 수 있다는 비판을 받았어.

사형 제도에 대한 찬반론

범죄자를 처벌하는 것 중에 가장 정도가 센 벌은 국가가 범죄자의 생명을 인위적으로 박탈하는 '사형'이야. 사형을 찬성하는 입장은 범죄 억제의 효과가 매우 크다는 점, 종신형(무기징역) 제도는 경제적인 부담이 크고 비인간적일 수 있다는 점, 흉악범의 생명을 박탈하는 것은 사회적 정의라는 점 등의 이유를 들고 있어. 특히 칸트는 동등성의 원칙에 근거해서 인간의 존엄성을 훼손한 범죄는 사형을 통해 응보적으로 처벌하는 것이 정당하다고 보았어.

반면 사형에 반대하는 입장은 사형이 범죄 억제 및 예방의 효과가 없다는 점, 범죄자의 교화 가능성을 부정하고, 오판의 가능성이 있다는 점, 인간의 기본권인 '생명권'을 부정하는 행위라는 점, 정치적으로 대립하는 사람을 제거할 수 있는 수단으로 악용될 수 있다는 점 등을 반대 이유로 제시했어.

사회계약설의 대표 주자인 루소는 사형 제도를 찬성하는 입장이야. 루소는 사람을 살해한 자는 정당한 사회 구성원이 아니므로 그 생명권을 박탈하더라도 이것이 동의에 의한 사회계약에 위반되는 것은 아니라고 주장했어.

반면 이탈리아의 법학자이자 사회계약론자인 베카리아는 사형 제도에 반대했어. 종신 노역형이 피해자의 생명을 앗아간 범죄자에게 더 큰 공포를 안겨 주므로 사형보다 훨씬 효과적인 보복 행위라고 주장했지. 또한 힘든 노동을 하게 하는 종신 노역형이 더는 죄를 짓지 않도록 예방하는 데도 사형보다 더 낫다고 말했어.

참고로 우리나라는 1997년까지 모두 920명에게 사형을 집행했지만, 그 이후 지금까지 사형을 집행하지 않고 있어. 그래서 국제 인권 단체 앰네스티는 우리나라를 '사실상 사형 폐지국'으로 분류하고 있지. 하지만 헌법재판소는 사형 제도가 헌법의 취지에 어긋나지 않는다는 합헌 결정을 내렸고 이 결정은 아직까지 유효해.

1. 잘못된 행위에 대해 그 해악의 정도에 비례하는 벌을 부과하는 관점으로 가장 적절한 것은?

① 공리주의 　　② 응보주의 　　③ 사회계약설 　　④ 다원적 분배 정의론

2. 다음 인물과 사형제도 입장을 올바르게 짝지은 것은?

① 루소 - 범죄 억제 효과 없으므로 반대
② 베카리아 - 사회계약에 따른 생명권 박탈 가능
③ 칸트 - 동등성 원칙에 따른 응보
④ 공리주의 - 범죄의 예방이 아닌 범죄자의 교화 가능성만 중시

3. 최근 ○○시에서 잔혹한 연쇄 살인 사건이 일어났어. 피해자 유족과 시민들은 강력한 처벌을 요구하고 있고 일부는 사형 제도 부활 청원을 진행 중이야. 이에 대해 두 철학자는 다음과 같이 주장했어. 입장 중 하나를 선택해서 사형 제도에 대한 찬성 또는 반대 의견을 작성해 보자.

> **칸트**: 인간의 존엄성을 훼손한 범죄자는 동등성의 원칙에 따라 응보적으로 사형을 집행해야 한다.
> **베카리아**: 종신형과 강제 노역이 범죄자에게 더 큰 공포를 주고, 재범을 막는 데 효과적이므로 사형보다 낫다.

더 알고 싶어 119

📖 도서　▷ 영상　🔍 사이트

📖 『법정의 얼굴들』 (박주영, 모로, 2024)
　법정에서 다뤄지는 사건 뒤에 숨은 '사람들의 얼굴'을 다시 바라보게 해. 단순한 유죄와 무죄의 판단 뒤에 서 있는 인간의 삶을 읽을 수 있단다.

▷ 영화 〈우리들의 행복한 시간〉
　사형수의 사랑에 대한 이야기야. 그 속에 사형과 법적 정의에 대해 생각해 볼 수 있는 이야깃거리도 담겨져 있어. 동명의 소설도 있으니 이 영화에 흥미가 있다면 읽어 보는 것을 추천!

법은
반드시 지켜야 할까?

준법과 시민 불복종

모든 국민은 '법' 앞에 평등해. 우리는 '법'이 있어서 평화로운 사회를 살아갈 수 있지.

그런데 그 법이 정의롭지 못하다면 그래도 그 법을 지켜야 할까?

법을 지킨다는 것의 의미와 옳지 못한 법도 지켜야 하는지에 대해 생각해 보자.

학습 키워드　#준법 #소크라테스 #시민불복종 #롤스 #하버마스 #소로

교과 연계　초5~6 〉도덕 〉정의로운 공동체를 위해 어떻게 행동해야 하는가?
　　　　　　중 〉도덕2 〉정의로운 사회는 어떤 모습일까?
　　　　　　중 〉도덕2 〉국가와 시민의 바람직한 관계는 무엇일까?

소크라테스가 법을 지킨 이유

소크라테스는 아테네 신에 대하여 무례한 행동을 하고 청년들을 타락시켰다는 죄목으로 사형 선고를 받았어. 친구인 크리톤이 감옥에 갇힌 소크라테스를 찾아와 도망치기를 권했지. 그러자 소크라테스는 다음과 같이 대답했다고 해.

"내가 여기서 도망치려 한다면 사람들은 나라의 법률과 나라 전체를 파괴하려는 것이라고 말하겠지. 한 번 내려진 판결을 따르지 않는다면 나라의 질서는 유지될 수 없을 거라고 말이야. 또한 평생 동안 각종 혜택을 받으면서 이 나라에서 살았던 것은 나라의 법 아래에서 살기로 약속했기 때문인데, 자신이 불리하다는 이유로 그 약속을 어기는 것은 옳지 않다고 사람들이 말하지 않겠는가?"

　　　　　　　　　　　　　　　　　　　　　　　　　　　　－ 플라톤, 『크리톤』

이렇게 소크라테스는 탈출할 기회가 있었지만 법에 따른 판결을 받아들였어. 그는 법을 준수하는 것이 국가에 대한 약속을 지키는 것이며, 나라의 질서를 유지할 수 있는 길이라고 믿었던 거야.

소크라테스처럼 법을 지켜야 하는 이유는 무엇일까? 법을 지킴으로써 다른 사람과 국가 권력으로부터 개인의 자유와 권리를 지킬 수 있기 때문이야. 모두가 법을 지킨다면 사회의 질서가 유지되고 평화로워질 뿐만 아니라 법을 통한 정의의 실현이 가능해지거든.

시민 불복종의 조건

그런데 만약 정의롭지 못한 법이 제정된다 해도 그 법을 지켜야 할까? 국가의 정의롭지 못한 법이나 정책을 변화시키기 위해 법을 공개적으로 위반하는 게 바로 '시민 불복종'이야.

시민 불복종은 법을 공개적으로 위반하는 행위이기 때문에 그 정당성이 확보되려면 다음 네 가지 조건을 지켜야 해. 첫째, 목적이 정당해야 해(목적의 정당성). 둘째, 비폭력적이어야 해(비폭력성). 셋째, 여러 가지 정상적인 방법으로 호소한 후 최후의 수단으로 사용해야 해(최후의 수단). 넷째, 처벌을 감수해야 해(처벌 감수).

시민 불복종을 주장한 학자들의 이야기를 들어 보자.

『정의론』의 저자 롤스는 시민 불복종이란 "법이나 정부의 정책에 변혁을 가져올 목적으로 행해지는, 공공적이고 비폭력적이며 양심적이긴 하지만 법에 반하는 정치적 행위"라고 주장했어.

정의를 강조한 롤스답게 그에게 있어 시민 불복종의 정당성 여부는 법의 부정의한 정도에 따라 달라지는 거야. 어느 정도 정의로운 사회에서 사회 구성원 다수의 정의관에 어긋나는 법과 정책 개선을 위한 정치적 행위로서의 시민 불복종을 주장한 거지. 그는 부정의한 법이 어떤 일정한 한계를 넘으면 시민 불복종이 인정될 수 있다고 주장했단다.

의사소통을 강조한 독일의 철학자 하버마스는 롤스의 입장을 수용하면서 시민 불복종이 비폭력적이어야 하며, 규범(합리적 의사소통을 통해 합의한 원칙인 헌법 원칙)을 위반한 것에 대한 처벌을 감수하는 전제하에서 행해져야 한다고 보았어. 하버마스는 시민 불복종을 시민들이 합리적인 의사소통을 통해 합의한 원칙에 어긋나는 법이나 정책에 대한 저항으로 정의했지.

미국의 사상가이자 수필가인 소로도 시민 불복종을 주장한 대표적인 학자야. 그는 '국가가 부정의하거나 불의한 일을 시민에게 강요해서는 안 되며, 시민은 그러한 국가의 강요를 거부할 수 있는 권리를 가진다.'라는 시민 불복종 사상을 전개했어. 소로에게 있어 시민 불복종의 근거는 개인의 양심이었던 거지.

특이하게 소로는 시민 불복종의 일반적인 조건과 달리 폭력까지도 인정하는 부분이 있었어. 소로는 부당하게 집행되는 권한에 대한 저항은 폭력적일 수 있다고 생각했지.

1. 일반적인 시민 불복종의 정당화 요건으로 적절한 것을 있는 대로 고른다면?

  ① 비폭력성 　② 처벌 감수 　③ 최후의 수단 　④ 목적의 정당성
  ⑤ 사회적 유용성

2. 다음 중 소크라테스가 도망가지 않은 이유로 가장 적절한 것은?

  ① 법의 내용이 정의롭다고 믿었기 때문에
  ② 법을 지키는 것이 국가와의 약속을 지키는 것이기 때문에
  ③ 친구 크리톤이 말린 것을 존중했기 때문에
  ④ 판결을 번복하는 것이 불가능했기 때문에
  ⑤ 감옥에서 생활이 편했기 때문에

3. 다음 문장을 읽고 맞으면 O, 틀리면 X를 써 보자.

> 소로는 시민 불복종에서 폭력을 절대 금지해야 한다고 주장했다. (　　　　)

4. 소크라테스의 준법 사상과 소로의 시민 불복종 사상을 비교하여 오늘날 '양심적 병역
   거부' 문제에 적용했을 때 각각의 입장이 어떻게 다를지 적어 보자.

   힌트 양심적 병역거부란, 나라에서 군대를 가야 한다고 법으로 정했지만 전쟁이나 총 사용이 자신의 양심·신념에
   어긋난다고 생각해 군대에 가지 않는 것을 말해. 예를 들어 '사람을 다치게 하는 일은 절대 하지 않겠다'는 생각
   때문에 군 복무를 거부하는 경우를 들 수 있어.

👍 더 알고 싶어 119　　📖 도서　▷ 영상　🔍 사이트

📖 **『귀찮아, 법 없이 살면 안 될까?』** (곽한영, 나무를심는사람들, 2017)
　　어려운 법 이야기를 쉽고 흥미롭게 풀어낸 청소년 법 안내서야. 법이 모두에게 공정하게 적용되
　　는지, 헌법이 왜 중요한지를 친절하게 알려 주며, 죄와 벌의 기준과 법치주의의 의미를 함께 생
　　각하게 하지.

▷ **영화 〈그레이트 디베이터스〉** (15세 이상 관람가)
　　1930년대 인종차별이 심하던 미국에서 말의 힘으로 세상에 맞선 흑인 대학생들의 이야기야. 텍
　　사스의 와일리 칼리지 멜빈 B. 톨슨 교수가 실제로 만든 토론 팀이 주인공이지. 이들은 차별이
　　당연시되던 사회에서 정의와 평등을 외치며 변화를 이끈 용기를 보여 주었어.

우리는 모두 존중받아 마땅한 소중한 존재야

인간이 지니는 권리, 인권

인간은 그 자체로 소중한 존재로 대우받아 마땅한 존재야.
그 이유는 인간이기 때문이지.
그렇다면 인간이 지니는 권리에는 구체적으로 어떤 것들이 있을까?

학습 키워드	#인권 #인간존엄성 #천부성 #불가침성 #보편성 #세계인권선언문 #인권감수성
교과 연계	초5~6 〉 도덕 〉 인권을 존중해야 하는 이유는 무엇일까? 중 〉 도덕1 〉 인권은 보편적 가치일까?

세계인권선언문

인간은 누구나 소중한 존재야. 그렇기에 인간이라는 이유 하나만으로 존중받아 마땅한 가치가 있어. 우리는 단지 인간이기 때문에 존중받을 수 있고 마찬가지로 타인도 존중해야 하는 거야. 인간 존엄성은 인권을 통해 실현되지. 인권은 인간의 권리로서 모든 사람이 존엄하게 살아가는 데 필요한 권리야.

인권은 태어날 때부터 누리는 권리인 '천부성', 누구도 침해할 수 없는 권리인 '불가침성', 누구나 누려야 하는 '보편성'의 특징을 지니고 있어. 다른 사람에게 피해를 주지 않는 범위 내에서 우리는 모두 생명권, 자유 및 평등권, 행복 추구권을 갖고 있지.

이를 위해 유엔에서는 '세계인권선언문'을 정해 모든 사람의 권리를 보장하려고 했어.

제1조 모든 사람은 태어날 때부터 자유롭고, 존엄하며, 평등하다. 모든 사람은 이성과 양심을 가지고 있으므로 서로에게 형제애의 정신으로 대해야 한다.

제2조 모든 사람은 인종, 피부색, 성, 언어, 종교 등 어떤 이유로도 차별받지 않으며, 이 선언에 나와 있는 모든 권리와 자유를 누릴 자격이 있다.

제3조 모든 사람은 자기 생명을 지킬 권리, 자유를 누릴 권리, 그리고 자신의 안전을 지킬 권리가 있다.

제4조 어느 누구도 노예가 되거나 타인에게 예속된 상태에 놓여서는 안 된다. 노예제도와 노예 매매는 어떤 형태로든 일절 금지한다.

제5조 어느 누구도 고문이나 잔인하고 비인도적인 모욕, 형벌을 받아서는 안 된다.

제6조 모든 사람은 법 앞에서 '한 사람의 인간'으로 인정받을 권리가 있다.

제7조 모든 사람은 법 앞에 평등하며, 차별 없이 법의 보호를 받을 수 있다.

제8조 모든 사람은 헌법과 법률이 보장하는 기본권을 침해당했을 때, 해당 국가 법원에 의해 효과적으로 구제받을 권리가 있다.

제9조 어느 누구도 자의적으로 체포, 구금, 추방을 당하지 않는다. (구금: 피고인 또는 피의자를 구치소나 교도소 따위에 가두어 신체의 자유를 구속하는 강제 처분)

제10조 모든 사람은 자신의 행위가 범죄인지 아닌지를 판별받을 때, 독립적이고 공평한 법정에서 공평하고 공개적인 심문을 받을 권리가 있다.

제11조 범죄의 소추를 받은 사람은 자신을 변호하는 데 필요한 모든 것을 보장받아야 하고, 누구든지 공개재판을 통해 유죄가 입증될 때까지 무죄로 추정될 권리가 있다.

제12조 개인의 프라이버시, 가족, 주택, 통신에 대해 타인이 함부로 간섭해서는 안 되며, 어느 누구의 명예와 평판에 대해서도 타인이 침해해서는 안 된다.

제13조 모든 사람은 자기 나라 영토 안에서 어디든 갈 수 있고, 어디서든 살 수 있다. 또한 그

나라를 떠날 권리가 있고, 다시 돌아올 권리도 있다.

제14조 모든 사람은 박해를 피해, 타국에 피난처를 구하고 그곳에 망명할 권리가 있다.

제15조 누구나 국적을 가질 권리가 있다. 누구든지 정당한 근거 없이 국적을 빼앗기지 않으며, 자기 국적을 바꾸거나 다른 국적을 취득할 권리가 있다.

제16조 성년이 된 남녀는 인종, 국적, 종교의 제한을 받지 않고 결혼할 수 있으며, 가정을 이룰 권리가 있다. 결혼에 관한 모든 문제에 있어서 남녀는 똑같은 권리를 갖는다.

제17조 모든 사람은 단독으로 또는 타인과 공동하여 재산을 소유할 권리를 가진다. 누구나 자의적으로 자신의 재산을 빼앗기지 않는다.

제18조 모든 사람은 사상, 양심, 종교의 자유를 누릴 권리가 있다.

제19조 모든 사람은 의사 표현의 자유를 누릴 권리가 있다.

제20조 모든 사람은 평화적인 집회 및 결사의 자유를 누릴 권리가 있다.

제21조 모든 사람은 직접 또는 자유롭게 선출된 대표자를 통해, 자국의 정치에 참여할 권리가 있다. 모든 사람은 자기 나라의 공직을 맡을 권리가 있다.

제22조 모든 사람은 사회의 일원으로서 사회보장을 받을 권리가 있다.

제23조 모든 사람은 일할 권리, 자유롭게 직업을 선택할 권리, 공정하고 유리한 조건으로 일할 권리, 실업상태에서 보호받을 권리가 있다. 모든 사람은 차별 없이 동일한 노동에 대해 동일한 보수를 받을 권리가 있다.

제24조 모든 사람은 노동시간의 합리적인 제한과 정기적 유급휴가를 포함하여, 휴식할 권리와 여가를 즐길 권리가 있다.

제25조 모든 사람은 먹을거리, 입을 옷, 주택, 의료, 사회서비스 등을 포함해 가족의 건강과 행복에 적합한 생활 수준을 누릴 권리가 있다.

제26조 모든 사람은 교육받을 권리가 있다. 초등교육과 기초교육은 무상이어야 하며, 특히 초등교육은 의무적으로 실시해야 한다. 부모는 자기 자녀가 어떤 교육을 받을지 '우선적으로 선택할 권리'가 있다.

제27조 모든 사람은 자기가 속한 사회의 문화생활에 자유롭게 참여하고, 예술을 즐기며, 학문적 진보와 혜택을 공유할 권리가 있다.

제28조 모든 사람은 이 선언의 권리와 자유가 온전히 실현될 수 있는 체제에서 살아갈 자격이 있다.

제29조 모든 사람은 자신이 속한 공동체에 대해 한 인간으로서 의무를 진다.

제30조 이 선언에서 말한 어떤 권리와 자유도 다른 사람의 권리와 자유를 짓밟기 위해 사용될 수 없다. 누구에게도 남의 권리를 파괴할 목적으로 자기 권리를 사용할 권리는 없다.

세계인권선언문을 지키기 위해 우리는 어떤 노력을 해야 할까?

우리는 자신의 권리는 지키고, 다른 사람의 권리는 침해하지 않아야 해. 이를 위해 우리 모두는 '인권 감수성'을 갖춰야 하지. 인권 감수성이란 '어떤 상황을 인권과 관련지어 바라보고, 인권 침해 상황에 민감하게 반응하는 능력'이야. 자신이 소중한 존재라면 다른 사람도 소중하게 여길 수 있어야 하는 거야.

1. 다음 중 인권의 특징으로 적절하지 않은 것은?

    ① 강제성   ② 보편성   ③ 사회성   ④ 천부성   ⑤ 불가침성

2. 어떤 상황을 인권과 관련지어 바라보고 인권 침해 상황에 민감하게 반응하는 능력을 일컫는 말은?

3. ○○초등학교에서 미술대회를 열었어. 그런데 대회 안내문에 "여자는 참가할 수 없다."고 적혀 있었지. 5학년 수민이는 그림을 정말 잘 그리지만, 안내문을 보고 속상해졌어. 이 상황에서 침해된 인권은 무엇일까?

    ① 평등권   ② 행복 추구권   ③ 생명권   ④ 교육권

4. 세계인권선언문을 읽고 인상 깊은 조항과 그 이유를 써 보자.

더 알고 싶어 119

📖 도서　▷ 영상　🔍 사이트

📖 『그냥, 사람』(홍은전, 봄날의책, 2020); 『묵묵』(고병권, 돌베개, 2018)

노들야학에서 나와 세상 속으로 걸어 들어간 작가 홍은전의 기록이야. 단순히 칼럼집이라고 부르기엔 담긴 이야기가 너무 뜨겁고, 너무 진심이야. 저자가 사회의 가장 약한 사람들, 고통 속에서도 저항하는 존재들, 그리고 인간이 잘 보지 않으려는 동물들의 삶까지 마주보는 다정함을 읽을 수 있어.

▷ 영화 〈나, 다니엘 블레이크〉

평생을 일하며 성실하게 살아온 한 목수가 병으로 일자리를 잃은 뒤, 복지 제도의 벽에 부딪히며 겪는 현실을 그린 이야기야. 다니엘은 일할 수 없는 몸이지만 관료적인 제도는 그를 끝없이 시험하고, 인간으로서의 존엄까지 흔들어. 그러다 런던에서 힘겹게 살아가는 싱글맘 케이티를 만나 서로에게 작은 희망이 되어 주지. 결국 이 영화는 '노동'과 '복지'를 넘어서, 인간답게 산다는 게 무엇인지 묻는 따뜻하지만 뼈아픈 이야기야.

다른 사람을 차별하는 혐오 표현은 무엇일까?

혐오 표현은 누군가에게 엄청난 상처가 되는 표현이지만,
일상에서 알게 모르게 내뱉는 경우가 많아.
누군가에게 상처 되지 않는 말을 하기 위해서는
혐오 표현이 무엇인지 알고 이에 적극적으로 대항할 수 있는 표현을 하는 것이 필요해.

학습 키워드　#혐오표현 #소수자 #사회적약자 #차별 #대항표현 #인권 #존중

교과 연계　초5~6 〉 도덕 〉 인권을 존중해야 하는 이유는 무엇일까?
　　　　　　중 〉 도덕1 〉 인권은 보편적 가치일까?

혐오 표현이 문제가 되는 이유

혹시 싫어하는 사람이 있니? 아무리 싫어하는 사람일지라도 그 사람 앞에서 "네가 싫어."라고 말하기는 어려울 거야. 그런데 우리는 알게 모르게 일상에서 상대에게 상처가 되는 표현을 아무렇지도 않게 내뱉는 경우가 있어. 그런 게 바로 '혐오 표현hate speech'이야.

혐오 표현은 소수자를 차별하거나 비하하려는 의도를 지니거나, 그런 효과를 지닌 의견이나 사상을 표현하는 행위를 가리키는 말이야. 소수자는 대부분 사회적 약자이거나 사회·정치적 권력 혹은 경제적 권력이 약한 집단인 경우가 많아. 이들은 오랜 기간 차별을 받아왔다는 공통점이 있어. 소수자에 해당하는 사람은 장애인, 이주자, 성소수자 등이 대표적이지. 사회적으로 힘과 권력이 약한 집단이 그 집단에 속한다는 이

유만으로 차별을 당하는 거야.

그 때문에 혐오 표현은 혐오의 대상이 되는 사람이나 집단에 대한 기존의 차별을 재확인하고 강화함으로써 그들의 인권을 침해하는 결과를 낳게 돼. 혐오 표현은 소수자에 대한 차별을 사회적으로 드러내고 부추기는 행위야. 혐오 표현은 단순히 말하는 것을 넘어 글로 쓸 수도 있고, 몸짓, 기호, 그림 등으로도 표현할 수 있어. 소수자에 관한 자신의 생각이나 의견을 표현하는 형태뿐만 아니라 '사실'을 표현하는 경우에도 해당되지. 만약 허위 사실인 경우라면 그 문제가 더욱 심각해지겠지? 그래서 세계 여러 국가에서는 혐오 표현에 대한 심각성 때문에 이를 법으로 엄하게 금지하고 있어.

혐오 표현이 문제가 되는 이유는 소수자나 사회적 약자에 대한 차별이 강화되기 때문이야. 차별이 심각해지면 혐오 표현의 대상이 된 소수자는 공포, 모욕감, 긴장, 자신감 · 자부심 상실 등과 같은 극심한 '정신적 고통'을 겪게 될 거고, 마음의 상처를 심각하게 입게 될 거야. 우리나라에서 생활하고 있는 이주민 노동자가 "너네 나라로 가."라는 말을 들으면 기분이 어떨까 생각해 봐.

혐오에 반대하는 대항 표현

이주민이든 장애인이든 성소수자든 모두 함께 상처받지 않고 살아가는 세상은 어떻게 만들 수 있을까? 간단해. 혐오 표현에 반대하고 이에 맞대응하면 돼. 혐오 표현을 발견했다면, 그것이 어떻게 사람들에게 고통을 주고 차별을 조장하는지 알리고 적극적으로 대응해야 해. 이렇게 혐오 표현에 맞서는 표현을 '대항 표현counter-speech'이라고 해.

대항 표현은 표현하는 것 자체로 소수자에 대한 연대와 지지를 선언하는 거야. 대항 표현은 혐오 표현에 대해 웃어넘기거나 침묵하지 않고 조목조목 문제점을 따지는 일상적인 실천으로도 가능해.

차별은 일상적인 '언어'에 의해 무의식적으로 이루어지는 경우가 많아. 그래서 누구도 차별받지 않고 차별하지 않는 세상을 위해 일상적인 노력이 필요한 거야. 너희가 혐오 표현에 맞설 수 있는 정의로운 사람이 되기를 진심으로 응원할게. 혐오 표현에 맞서는 대항 표현이 많아져서 결국 차별이 사라질 때, 모두의 인권이 존중받는 정의로운 사회가 완성될 거니까.

1. 다음 중 '혐오 표현'에 해당하지 않는 것을 모두 골라 보자.

① 여자는 수학을 잘 못해서 공부를 따라가기 힘들어.

② 장애인도 비장애인과 같은 학교에서 배워야 해.

③ 외국인은 왠지 모르게 위험하고 믿기 어려워.

④ 성소수자도 우리와 똑같이 소중한 사람이야.

2. 혐오 표현에 맞대응함으로써 소수자에 대한 연대와 지지를 표현하는 용어를 가리키는 말은?

3. 다음 대화 중 '대항 표현'에 해당하는 것을 모두 골라 보자.

> (가)　A: 외국인 이웃은 우리 동네에 안 왔으면 좋겠어.
>
> 　　　B: 그건 차별이야. 우리 이웃으로서 환영해야 해.
>
> (나)　A: 저 사람은 장애인이니까 힘든 일은 못 할 거야.
>
> 　　　B: 맞아, 그러니까 힘든 일은 시키지 말자.
>
> (다)　A: 성 소수자는 이해하기 어려워.
>
> 　　　B: 아니야, 그들도 우리와 같은 권리를 가진 사람이야.

4. 혐오 표현이 문제가 되는 이유를 써 보자.

더 알고 싶어 119

📖 도서　▶ 영상　🔍 사이트

📖 『**선량한 차별주의자**』 (김지혜, 창비, 2020)

겉으론 선하고 공정해 보이지만, 일상 속에서 무심히 스며드는 차별을 예리하게 드러내는 책이야. 저자 김지혜 교수는 우리가 '차별하지 않는다'고 믿는 그 순간에도 이미 누군가를 배제하고 있을 수 있다고 말해. 특권을 자각하지 못한 채 공정을 말하는 사회의 모순을 짚고, 차별이 어떻게 '정상'으로 위장되는지 다양한 사례와 연구로 보여 주지.

▶ **교실 내 혐오 이대로 괜찮을까요?** (세바시 강연)

이 파트를 읽은 후 '혐오 표현은 내 주변엔 별로 없는 것 같은데?'라고 생각했다면 다행이야. 너의 행운과 달리 실제 교실 속에선 혐오 표현이 이곳저곳 들리고 있어. 교실 내 혐오 이대로 괜찮을까?

정의를 위해 싸워요,
사회단체 활동가

지금까지 우리는 정의, 인권 등의 주제에 대해 다양한 관점으로 살펴 보았어. 그런데 과연 '우리 사회는 정의로울까?'라는 물음에 답해야 한다면 어떻게 답할 것 같아? 아마 우리 사회는 여전히 정의롭지 않다고 대답하는 친구들이 많을 거야. 왜냐하면 세상에는 여전히 인권을 침해당하는 사람들이 많고 부정부패가 널리 퍼져 있기 때문이지. 이러한 환경을 개선하기 위해, 우리 대신 열심히 싸우는 사람들이 있다고 해. 궁금하지? 지금부터 같이 알아보자.

사회단체 활동가가 하는 일

정의를 위해 대신 싸워 주는 영웅 같은 사람들을 가리키는 직업이 있어. 바로 '사회단체 활동가'야. 사회단체 활동가는 어떤 일을 하는 사람일까?

국내나 국외의 정치, 복지, 주택, 고용, 여성, 청소년, 건강 등과 관련된 사회문제들을 연구하고 평가해 문제를 해결하기 위한 방법 및 정책을 제안하고, 이를 변화시키기 위한 사회운동을 하는 사람들이야. 인권과 정의를 위해 싸우는 사람들 맞지? 사회단체 활동가는 이러한 일을 하기 위해 다양한 일을 해야 해. 먼저 개인, 기관, 단체에 필요한 사회 서비스 프로그램을 개발하고 업무 수행을 지원하고 있어. 또 사회문제를 해결하기 위한 정책을 제도화하기 위해 필요한 자금을 모으거나, 기관이나 단체 또는 개인들을 대상으로 의견을 듣고 수집하는 일을 하고 있어. 마지막으로 보다 많은 사람들이 사회문제에 관심을 갖고 사회문제 해결을 위한 활동에 함께 참여할 수 있도록 다양한 홍보 활동도 하곤 하지.

사회단체 활동가가 되려면

이런 일을 하려면 어떤 능력이 필요할까? 공익을 위해 일할 수 있는 사람으로서 사회문제를 해결하기 위한 정책들을 개발하고 추진하기 위한 세부 계획을 세우고 실천할 수 있는 자기성찰 능력이 있어야 해.

또 문제 해결을 위해 여러 해결 방법을 체계적으로 생각하거나 논리적인 분석을 좋아하고 탐구하는 능력을 갖출 필요가 있어. 그리고 사회문제를 해결하는 방법을 찾기 위해 법, 제도 개선에 관련된 다양한 사람들을 만나 함께 일하는 것을 좋아하는 사람이 하면 적절할 것 같아.

그런데 너희 나이대의 학생이 이런 일을 했다는 것을 알고 있니? 2003년생인 그레타 툰베리는 스웨덴의 환경운동가인데, 만 15세인 2018년부터 지구 환경을 위한 목소리를 내기 시작했어. 그레타 툰

↑ 그레타 툰베리

베리는 2018년 8월 학교를 빠지고 스웨덴 국회의사당 앞에서 기후 변화 대책 마련을 촉구하는 1인 시위를 벌였었어. 놀랍지 않니? 어린 소녀였던 그레타 툰베리가 시작한 이 시위는 전 세계 수백만 명의 학생들이 참가하는 '미래를 위한 금요일' 운동으로 이어졌어. 그레타 툰베리는 지금도 여전히 우리가 살고 있는 지구 환경과 미래를 위해 목소리를 내는 중이야. 멋진 친구지?

다양한 사회단체를 소개해 볼게.

사회단체

- **국제앰네스티**(Amnesty International): 인권 침해 감시와 정치적 구금, 고문, 사형 제도 철폐 운동을 전개하는 세계적 인권 단체.
- **그린피스**(Greenpeace): 핵 실험 반대, 해양 오염 방지, 기후 위기 대응 등 비폭력 직접행동을 통해 환경 보호 활동을 하는 국제 단체.
- **세계자연기금**(WWF, World Wide Fund for Nature): 멸종 위기종 보호, 기후 변화 대응, 지속 가능한 자원 사용 촉진에 앞장서는 단체.
- **세이브더칠드런**(Save the Children): 인종, 종교, 정치적 이념을 초월하여 아동 권리 실현을 위해 활동하는 국제구호개발 NGO(비정부 기구).

5부
지구에서
같이 살자!
모두의 내일을
위한 철학
119

지구 공동체의 시민과 함께 살아가는 법

지구상에 있는 수많은 나라에는 각각의 고유한 문화가 존재하고 있어.
다문화 사회가 되면서 나라 안팎으로 다양한 문화를 보고, 느끼고, 체험할 수 있는
기회도 늘어나고 있지. 우리는 이 다양한 문화를 어떻게 바라보아야 할까?

학습 키워드　#문화다양성 #다문화 #동화주의 #용광로이론 #다문화주의 #국수대접 #문화상대주의

교과 연계　초5~6 〉 도덕 〉 다른 나라의 사람들까지 사랑해야 하는 이유는 무엇일까?
중 〉 도덕1 〉 다양한 문화·종교는 어떻게 공존할 수 있을까?

동화주의와 다문화주의

세계 속 지구인들은 다양한 문화를 형성하며 살아가고 있어. 지구촌 시민들 간의 교류가 활발해짐에 따라 그 문화를 접할 수 있는 기회도 늘어나고 있지. 그럼 다양한 문화는 각 나라에서 어떻게 공존하고 있을까?

'동화주의'는 이주민의 문화와 같은 소수 문화를 주류 문화에 적응시키고 통합하려는 입장이야. 대표적으로 '용광로 이론'이 있어. 다양한 이주민의 문화를 거대한 용광로 같은 주류 사회에 융합해서 편입시키려는 관점이지. 동화주의를 주장하는 입장은 문화적 충돌에 따른 사회 혼란과 갈등을 방지하고, 사회적 연대감이나 결속력, 사회 통합을 강화할 수 있다는 장점이 있어. 반면에 이주민 각각의 고유한 문화적 전통을 무시하고 지나치게 단일성을 강조한다는 단점도 생길 수 있지.

한편 '다문화주의'는 이주민의 고유한 문화와 자율성을 존중하면서 문화 다양성을 실현하려는 입장이야. 대표적으로 '샐러드 볼 이론'과 '국수 대접 이론'이 이에 해당하지. 샐러드 볼 이론은 여러 문화가 고유한 특성을 유지하면서도 조화를 이루며 공존하는 문화를 가리켜. 각 재료의 특성이 살아 있는 샐러드처럼 다양한 문화가 각각의 정체성을 유지하면서 조화를 이룰 수 있다는 장점이 있지만 사회적 연대감이나 결속력이 부족해 사회적 통합을 이루기 어렵다는 한계도 존재해.

한편, 국수 대접 이론은 문화의 다양성을 인정하면서도 주류 문화의 역할을 강조하는 입장이야. 주류 문화는 국수와 국물처럼 중심 역할을 하고, 이주민의 문화는 색다른 맛을 더해 주는 고명이 되어 자신의 문화적 정체성을 유지하면서 조화롭게 공존할 수 있다는 주장이지. 주류 문화를 우위에 두기 때문에 타 문화를 평등하게 인정하는 샐러드 볼 이론과 차이가 있지만, 타 문화에 대한 존중과 관용을 통해 문화적 다양성을 실현하고자 한다는 점에서는 공통점이 있어.

문화 상대주의와 다문화 감수성

이 입장들은 모두 다양한 문화적 배경을 지닌 사람들을 이해하고 그들과 공존하고 화합하기 위한 노력을 강조한다는 특징이 있어. 문화를 바라보는 입장 중 하나인 '문화 상대주의'는 문화가 생겨난 독특한 환경이나 역사적·사회적 상황을 이해하면서 다른 문화를 바라보는 관점을 뜻해.

이렇게 문화의 다양성을 존중하는 태도를 '다문화 감수성'이라고 해. 다문화 감수성이란 정서적으로 다문화 상황을 이해하고 받아들이고, 상대방의 입장을 존중하는 걸 말해. 즉 다양한 문화를 가진 사람들이 모여 하나의 공동체를 이루기 위해 타인들과 조화롭게 관계를 맺고, 소통할 수 있는 태도를 가리키지. 그렇다면 이 모든 문화를 존중해야 할까? 다음 기사를 읽으며 생각해 보자.

"○○국에서 어느 여성이 자신의 친오빠에게 명예 살인을 당했다. ○○국에서는 여성의 성적 발언을 금기하는데, 이 여성이 인터넷을 통해 양성평등을 주장하며 보수적인 사회의 분위기와 금기에 저항했기 때문이었다. 그의 친오빠는 "가족의 명예를 지켜야 한다."라고 말하며 동생을 살해한 것으로 알려졌다. ○○국에서는 명예 살인이 불법임에도 불구하고 매년 천여 명이 넘는 여성들이 명예 살인으로 희생되고 있다."

– YTN 뉴스, 2016년 7월 19일

명예 살인도 문화로서 존중해야 한다고 생각하는 사람은 없을 거야. 왜냐하면 명예 살인은 인간의 가장 중요한 인권인 '생명권'을 침해하는 것이니까. 모든 문화를 존중하는 것이 바람직하다고 해도 인권을 침해하는 문화는 존중해서는 안 돼. 인간 존엄성과 인권, 자유, 평등과 같은 보편 규범은 시대나 장소와 관계없이 항상 보장되어야 하기 때문이지.

물론 문화의 다양성은 존중해야 해. 그러나 그 문화가 타인의 인권을 침해한다면 그건 도덕적으로 옳지 않다는 점도 기억해야겠지?

1. 각기 다른 재료들이 각자 고유한 맛을 지키면서도 하나의 샐러드가 되듯, 여러 문화가 고유한 특성을 유지하면서도 조화를 이루며 공존하는 문화를 가리키는 용어는?

① 피자 모델   ② 샐러드 모델   ③ 용광로 모델   ④ 문화 상대주의
⑤ 국수 대접 모델

2. 정서적으로 다문화 상황을 이해하고 받아들이는 것으로 상대방의 입장을 존중하는 것, 다양한 문화를 가진 사람들이 모여 하나의 공동체를 이루기 위해서 타인들과 조화롭게 관계를 맺고 소통할 수 있는 태도를 가리키는 말은?

3. A국에서는 다양한 민족이 살고 있지만, 정부는 모든 학교에서 오직 A국의 전통 의상만 입도록 규정했어. 정부는 이렇게 하면 학생들이 공통된 문화를 공유하며 서로 잘 어울릴 수 있다고 설명했지. 이 상황을 가장 잘 설명하는 문화 입장은 무엇일까?

① 다문화주의   ② 동화주의   ③ 문화 상대주의

4. '명예 살인도 문화로서 존중해야 할까?'에 대한 반대 의견을 써 보자.

더 알고 싶어 119

📖 도서   ▷ 영상   🔍 사이트

📖 『나는 옐로에 화이트에 약간 블루』 (브래디 미카코, 다다서재, 2020)

영국에서 20년 넘게 살아온 일본인 저자가 아들이 겪는 학교생활을 통해 인종과 계층, 국적이 얽힌 영국 사회의 복잡한 현실을 섬세하게 포착한 책이야. 서로 다른 배경을 지닌 아이들이 부딪히는 갈등 속에서 다양성과 차별의 문제를 풀어내며, 겉으로는 평등을 말하지만 여전히 불평등이 일상화된 사회의 민낯을 보여 줘. 공영주택지와 교실 뒷자리에서 벌어지는 작고 사소한 폭력들을 통해 저자는, 알지 못하고 알려고 하지 않는 무관심이야말로 사회를 병들게 하는 진짜 위험이라고 경고하고 있어.

▷ 영화 〈완득이〉

가난하고 작지만 누구보다 단단한 고등학생 완득이, 그리고 세상에 반항하는 괴짜 담임 똥주가 부딪히며 만들어 내는 유쾌한 성장 이야기야. 다문화 가정에서 싸움으로 버텨 온 소년이 '관심'과 '관계'를 통해 진짜 어른으로 성장해 가는 이 작품은, 결국 서로 다른 상처를 가진 두 사람이 부딪히며 만들어 내는 가장 현실적이고 따뜻한 멘토링 드라마야.

어려움을 겪고 있는 세계 시민에게 도움의 손길을 건넨다면?

어려운 나라에 도움을 주는 해외 원조

우리나라는 지구 공동체의 한 국가로서 세계 평화와 발전에 기여해야 할 책임이 있어.
우리가 배부르게 먹고 음식을 남기는 사이 지구 한편에서는 먹을 음식이 없어
생존을 위협당하는 사람들이 많아. 이들을 돕는 '해외 원조'에 대해 알아보자.

학습 키워드 #해외원조 #싱어 #롤스 #노직 #장지글러 #기아 #빈곤

교과 연계 초5~6 〉 도덕 〉 다른 나라의 사람들까지 사랑해야 하는 이유는 무엇일까?
중 〉 도덕2 〉 세계시민으로서 우리는 무엇을 할 수 있을까?

해외 원조가 필요한 이유

장 지글러가 쓴 『왜 세계의 절반은 굶주리는가?』라는 책이 있어. 책의 제목처럼 지금 우리가 사는 지구의 절반은 남은 음식이 버려지고 있고 나머지 절반에는 빈곤과 기아에 시달리는 사람이 살아가고 있어. 맹자의 말처럼 인간은 어려움에 처한 인간을 보면 차마 지나치지 못하는 마음인 '불인인지심'을 지니고 있어. 그래서 빈곤과 기아로 힘든 시간을 겪고 있는 지구 공동체의 시민을 외면하지 못하는 거야.

세계 여러 국가에서는 이들을 위해 '해외 원조'에 적극적으로 나서고 있어. 해외 원조란 자신의 국가를 넘어 해외에 사는 세계 시민들에게 물품이나 돈 등으로 도움을 주는 행동을 말해. 여러 학자들은 다양한 근거를 들어 해외 원조를 윤리적으로 정당화하고 있어.

이익 평등 고려의 원칙과 정의 실현을 위한 의무

싱어는 고통받는 사람들은 '이익 평등 고려의 원칙'에 따라 누구나 차별 없이 도움을 받아야 한다고 주장했어. 이익 평등 고려의 원칙이란 공리주의 입장을 따르는 것으로 쾌락과 고통을 느끼는 모든 존재의 이익을 동등하게 고려해야 한다는 걸 뜻해. 이렇듯 싱어는 공리주의 입장에서 빈곤에 따른 개인의 고통을 덜어 주어야 할 의무가 있으며, 이를 위해 해외 원조가 필요하다고 보았어. 즉 해외 원조의 목적은 가난과 굶주림에 따른 고통을 없애기 위해 인류에게 주어진 의무라는 주장이었지.

싱어는 누군가 고통을 받는다는 것 자체가 우리가 그들을 도와야 할 의무이므로 도움을 줄 대상을 자신이 속한 공동체, 민족, 국경 내부로 한정 짓지 말고 지구촌 전체로 확대해 해외 원조와 기부를 적극적으로 실천할 것을 강조했어.

롤스도 해외 원조가 정의 실현을 위한 의무임을 강조했어. 우리 모두는 해외 원조를 통해 그들 스스로 빈곤 문제를 해결하고 '질서 정연한 사회'를 만들도록 도와야 할 의무가 있다는 의견이었지. 질서 정연한 사회란 독재나 착취와 같은 불합리한 사회 구조나 제도가 개선되어 정치적 전통, 법, 규범 등의 문화가 적정한 수준에 이른 사회를 말해.

그런데 롤스는 고통받는 사회의 불리한 여건을 개선해 주는 것이 전 지구적 차원의 부의 재분배나 복지 향상을 의미하는 것은 아니라고 말했어. 왜냐하면 국가 간의 부와 복지 수준은 다양할 수 있으며, 이러한 차이는 자연스러운 것이기 때문이지. 따라서 가난한 나라일지라도 질서 정연한 사회라면 원조할 필요가 없다고 보았어. 이러한 롤스의 관점은 빈곤으로 고통받는 개인의 복지 향상을 원조의 목적으로 하는 싱어와 대비된다는 걸 알 수 있어.

반면 '자유'를 그 누구보다 강조하는 노직은 싱어, 롤스와 달리 원조에 대한 윤리적 의무는 없다고 말했어. 그에 따르면 개인은 정당한 절차를 통해 취득한 재산에 절대적 소유권을 가지기 때문에 자신의 재산을 어떻게 이용할 것인지는 전적으로 개인의 자유라는 거야. 따라서 해외 원조나 기부를 실천해야 할 윤리적 의무는 존재하지 않는다고 보았어. 그래도 어떤 개인이 자발적으로 자신의 부를 빈곤으로 고통받는 사람을 위해 사용한다면 그것은 훌륭한 일이자 윤리적 행위라고 말했지.

우리 모두 알고 있듯이 고통을 겪는 사람들에게 도움의 손길을 내미는 것은 윤리적인 행동이라 할 수 있어. 10월 17일은 세계 빈곤 퇴치의 날이야. 이날을 기억하고 도움이 필요한 사람에게 기꺼이 손을 내미는 사람이 되기를 바라면서 이만 마칠게.

1. 다음 중 싱어의 해외 원조에 대한 입장으로 가장 적절한 것은?

   ① 가난한 나라라도 정치·제도가 잘 갖추어져 있다면 원조할 필요가 없다.

   ② 해외 원조는 자발적으로 하면 좋지만, 의무는 아니다.

   ③ 빈곤으로 인한 고통을 줄이는 것은 인류의 의무이며, 국경을 넘어 적극적으로 원조해야 한다.

   ④ 국가 간 부의 차이는 자연스럽기 때문에 부의 재분배를 목표로 해서는 안 된다.

2. B국은 민주주의 제도가 없고 독재로 인해 국민들이 자유를 억압당하며 가난하게 살고 있어. 롤스의 관점에서 B국에 대한 해외 원조의 목적으로 가장 적절한 것은?

   ① 부와 복지를 재분배하여 경제적 격차를 줄이는 것

   ② 독재와 같은 불합리한 구조를 개선하고 '질서 정연한 사회'를 만드는 것

   ③ 모든 고통받는 개인의 복지 향상을 목표로 하는 것

   ④ 개인의 재산권을 보호하며 원조를 최소화하는 것

3. 싱어, 롤스, 노직은 해외 원조에 대해 서로 다른 관점을 가지고 있어. 세 사람의 관점을 비교해서 써 보자.

더 알고 싶어 119　　📖 도서　▷ 영상　🔍 사이트

📖 『왜 세계의 절반은 굶주리는가?』 (장 지글러, 갈라파고스, 2016)

유엔 식량특별조사관 장 지글러가 아들과의 대화를 통해 전 세계 기아의 실태와 그 배후의 구조적 원인을 파헤친 책이야. 사막화, 식민지 정책, 불평등한 금융 시스템 등 기아를 낳는 정치·경제적 현실을 날카롭게 짚어 내며, 우리가 외면해 온 불평등의 얼굴을 드러내지. 단순한 통계가 아닌 인간적인 시선으로, 굶주림의 문제를 '타인의 일이 아닌 우리의 책임'이라고 묻는 강렬한 사회보고서야.

▷ 영화 〈플로리다 프로젝트〉

디즈니월드 바로 옆, 그러나 전혀 다른 세계에서 살아가는 아이들과 어른들의 이야기를 그린 영화야. 여섯 살 소녀 무니와 그녀의 엄마 핼리가 값싼 모텔에서 하루하루를 버티며 살아가지만, 무니에게 세상은 여전히 놀이터이자 모험이야. 화려한 관광지 뒤편의 빈곤, 사회의 무관심 속에서도 삶의 온기와 희망을 잃지 않는 이들의 이야기는, '행복'이란 무엇인지, 우리가 외면해 온 또 다른 현실은 무엇인지 조용히 묻고 있어.

어느 날 핸드폰에서 공습경보가 울린다면?

평화로운 세계는 어떻게 만들 수 있을까?

분쟁이나 전쟁의 위협은 우리 주위에 늘 도사리고 있어.
여전히 세계 곳곳에서 전쟁이 벌어지고 있지. 분쟁과 전쟁이 일어나지 않는
평화로운 사회를 만들기 위한 사상가들의 혜안에 대해 알아보자.

학습 키워드   #갈퉁 #적극적평화 #칸트 #영구평화 #환대권 #묵자 #겸애

교과 연계   초5~6 〉 도덕 〉 다른 나라의 사람들까지 사랑해야 하는 이유는 무엇일까?
중 〉 도덕2 〉 세계시민으로서 우리는 무엇을 할 수 있을까?

긴급재난문자에 놀란 시민들

2023년 5월 31일 아침, 북한의 우주발사체와 관련해 경계경보를 발령했다가 해제하면서 시민들이 혼란에 빠졌던 사건이 있었어.

서울시가 이날 보낸 긴급재난문자에는 "국민 여러분께서는 대피할 준비를 하시고, 어린이와 노약자가 우선 대피할 수 있도록 해 주시기 바랍니다."라는 내용이 담겨 있었지. 이날 새벽에 이 문자를 받은 국민들은 '전쟁'의 공포와 위기가 눈앞에 찾아온 것처럼 큰 혼란에 휩싸였어. 다행스럽게도 얼마 지나지 않아 오발령 사항이라고 밝혀져서 한시름 내려놓았지만 말이야.

아직 휴전 중인 우리나라도 그렇지만, 2022년 2월 24일부터 전쟁 중인 러시아, 우크라이나의 사례를 보면 여전히 세계 곳곳이 전쟁 위협 속

에 노출되어 있다는 걸 알 수 있어. 영역과 자원을 둘러싼 갈등이나 문화적 차이에 따른 갈등에서 벌어진 국제적 분쟁이 이곳저곳에서 이어지고 있지.

평화로운 세상을 만들려면

그렇다면 전쟁과 분쟁이 없는 세상은 어떻게 해야 만들 수 있을까? 여러 사상가들의 주장에서 이 물음에 대한 답변을 찾아볼 수 있어.

갈퉁은 평화로운 사회를 위해서는 구조적 폭력과 문화적 폭력이 사라진 적극적 평화의 상태를 만들어야 한다고 주장했어. 적극적 평화의 상태란 빈곤, 기아, 정치적 억압, 종교와 사상의 차별에 의한 폭력이 제거된 상태로 인간다운 삶을 위해 정의, 인간 존엄성, 삶의 질을 중시하는 '인간 안보'[1] 차원의 적극적 평화를 강조한 의견이었지. 갈퉁의 적극적 평화 개념에 따라 차별과 억압을 극복하면 생명과 인권이 보정될 것이고, 민족 및 종교 분쟁 같은 갈등을 해소함으로써 화합과 공존의 가치 구현이 가능해진다는 의의가 있어. 또한 질서와 안보에 기초한 복지와 국제 평화 안정화에 기여할 수 있다는 장점도 있지.

칸트는 평화를 실현하는 방안으로 '영구 평화론'을 제시했어. 영구 평화론이란 공화제를 실현한 국가들이 우호 관계[2]에 기초해 국제법이 적용되는 국제 연맹을 창설해야 한다는 주장이야. 국제 연맹은 국가 상호 간의 외적 관계를 의미하며 평화와 안전은 오직 '국제 연맹'을 통해

---

1   인간의 안전을 보장하는 일. 국가의 안전 보장이라는 개념을 인간에게 적용한 것으로, 무력 등에 의한 위협뿐만 아니라 에너지, 식량, 환경 등에 관련된 위협으로부터도 보호되어야 한다는 것을 포함해.

2   기관이나 단체, 국가 사이에서 서로 사이가 좋은 관계를 말해.

서만 가능하지. (즉 평화연합과 같은 집단 안보 체제인 거야.) 평화는 국제 연맹의 이념 아래서 만인이 서로 평등한 세계 시민적 권리를 누리는 것이고 이를 도덕과 법이 지향해야 하는 궁극적 목표로 삼았어. 국제 연맹은 각 국가의 무제한적인 자유를 제한함으로써 다시 그 권리와 자유를 보장하는 통일적 법적 체계로 국가 간의 평화가 확보되어야만 한 국가의 평화뿐만 아니라 한 개인의 평화도 가능하다고 말했지. 이것이 바로 칸트가 기획한 영구 평화야. 칸트는 국가 간의 영구 평화를 위한 확정 조항을 다음과 같이 제시했어.

제1항 모든 국가의 시민적 정치 체제는 공화정이어야 한다.

제2항 국제법은 자유로운 여러 국가의 연맹 조직을 토대로 해야 한다.

제3항 세계 시민법은 보편적인 우호를 위한 제반 조건에 국한되어야 한다.

– 칸트, 『영구 평화론』

또한 칸트는 평화를 실현하는 방안으로 '환대권'을 강조했어. 환대권이란 적으로 간주되지 않을 권리이자 존중받을 권리를 말해.

동양의 사상가 묵자도 전쟁에 반대하는 평화로운 사회를 만들기 위한 의견을 제시했어. 묵자는 모든 사람을 사랑하는 '겸애兼愛' 사상을 통해 '자국을 사랑하듯이 타국을 사랑하라.'의 정신을 실천해야 한다고 주장하면서, 전쟁을 방지하려면 서로 사랑하고 존중하는 자세가 중요함을 강조했지.

묵자가 보기에 전쟁은 백성의 고통을 배로 증대시키는 무익한 행동이었어. 묵자가 정복과 침략 전쟁을 반대하고 평화를 추구한 이유는 백성과 사회 전체의 이익에 부합하는 의로운 것이었기 때문이지.

1. 갈퉁이 제시한 개념으로 구조적 폭력과 문화적 폭력이 사라진 상태를 가리키는 말로 가장 적절한 것은?

① 영구 평화 　　② 구조적 평화 　　③ 문화적 평화 　　④ 소극적 평화
⑤ 적극적 평화

2. 칸트가 주장한 '영구 평화론'의 조건으로 알맞은 것을 있는 대로 고른 것은?

> ㄱ. 모든 국가는 공화정이어야 한다.
> ㄴ. 자유로운 국가들의 연맹이 필요하다.
> ㄷ. 모든 국가가 같은 문화와 언어를 사용해야 한다.
> ㄹ. 보편적인 우호를 위한 조건이 필요하다.

① ㄱ, ㄴ 　　② ㄱ, ㄴ, ㄷ 　　③ ㄱ, ㄴ, ㄹ 　　④ ㄴ, ㄷ, ㄹ

3. 다음 상황에 어울리는 사상가는 누구일까?

> • 국경을 넘어 모든 사람을 내 가족처럼 사랑해야 한다고 주장함
> • 정복 전쟁과 침략 전쟁을 반대함
> • 백성과 사회 전체의 이익을 지키는 것을 중시함

4. 묵자는 '자기 나라만 사랑하면 안 되고 다른 나라도 똑같이 사랑해야 한다'는 사상을 주장했고, 칸트는 '다른 나라 사람이라도 적으로 여기지 말고 존중해야 한다'는 권리를 강조했어. 만약 지진이 나서 다른 나라 사람들이 우리 마을로 피난을 오는 상황이 벌어진다면, 이에 대해 묵자와 칸트의 생각을 각각 겸애와 환대권을 활용하여 써 보자.

 **더 알고 싶어 119**　　📖 도서 　▷ 영상 　🔍 사이트

📖 『**우리가 폭력이라 부르는 것들**』 (전국도덕교사모임, 해냄에듀, 2022)
가정·학교·사회·온라인 등 일상 곳곳에 스며든 폭력을 다양한 사례와 철학적 시선으로 해부하며, 우리가 인식하지 못한 폭력의 실체를 드러낸 책이야. 단순한 폭력의 정의를 넘어, 구조와 언어, 제도 속에서 작동하는 폭력의 모습을 짚으면서 평화로운 공존의 필요성을 일깨워 주지.

▷ **영화 〈쉰들러 리스트〉**
나치의 유대인 학살 속에서 수많은 생명을 구한 독일 사업가 오스카 쉰들러의 실화를 바탕으로 한 영화야. 절망의 시대에 인간의 양심과 용기가 어떻게 기적을 만들어 내는지를 보여 주는, 역사와 인간성에 대한 깊은 질문을 던지는 작품이야.

어느 날 자율주행 자동차가 딜레마 상황을 만난다면?

트롤리 딜레마와 자율주행 자동차의 윤리적 문제

과학기술이 빠르게 발전하면서 거리에 프로그래밍으로 주행하는 자율주행 자동차가 곧 다닐 것 같아. 그런데 만약 자율주행 자동차가 도로에서 자동차에 탑승한 사람 혹은 길을 건너는 보행자를 선택해서 살려야만 하는 사고 상황과 만난다면, 이때 자율주행 자동차는 어떤 판단을 내려야 할까?

학습 키워드　#트롤리딜레마　#자율주행자동차　#인공지능　#AI　#윤리적선택

교과 연계　초5~6 〉도덕 〉인공지능 로봇과 친구가 될 수 있을까?

　자율주행 자동차는 인공지능을 기반으로 프로그래밍된 자동차가 도로 상황이나 주변의 여러 요건을 파악해 목적지까지 안전하게 데려다주는 똑똑한 운송 수단이야. 자율주행 자동차는 우리의 생활을 훨씬 편리하게 해 줄 거고, 인간의 부주의로 생기는 여러 교통사고도 줄여 줄 거라 기대되고 있어.

　그런데 자율주행 자동차가 편리하기만 하다면 좋겠지만, 도로 위에서 닥칠지 모르는 다양한 상황에서 어떤 선택을 내려야 할지 판단해야 하는 어려움도 만나게 될 거야.

트롤리 딜레마를 둘러싼 선택

우리는 모두가 다치지 않는 자율주행 자동차의 바람직한 활용법에

대해 고민해 보아야 해. 다음은 영국의 윤리 철학자 필리파 푸트가 처음 으로 제안한 '트롤리 딜레마' 상황이야. 다음 상황을 보면서 너희가 '옳 다'라고 생각한 선택에 대해 이야기해 보자.

"브레이크가 고장 난 트롤리 1대가 무서운 속도로 달려오고 있고, 잠시 후 그 트롤리가 지나갈 선로 에는 5명의 인부가 작업을 하고 있다. 트롤리를 세울 수 있는 방법은 없으며, 그 인부들은 잠시 후 트롤리가 자신을 덮칠 것을 알지 못하고 피할 방법도 없다. 4명의 인부의 목숨을 구할 수 있는 방 법은 없을 것 같다. 그런데 옆을 보니 비상 선로가 있고, 트롤리를 그 비상 선로로 가도록 진행 방 향을 바꿀 수 있는 레버가 내 앞에 있다. 그러나 그 비상 선로에도 1명의 인부가 아무것도 모른 채 작업을 하고 있다. 내가 비상 선로로 트롤리의 방향을 돌린다면 그 1명은 죽게 되겠지만 5명 의 목숨은 살릴 수 있을 것이다."

이 상황에서 너희는 어떤 선택을 할 수 있을까? 이 문제를 마주한 우 리는 1명을 살려야 하는지 5명을 살려야 하는지 각자 머릿속에 있는 나 름의 판단 기준을 가지고 결론을 내리게 될 거야. 우리의 선택이 정의로 운 정답일 거라 믿으면서 말이야. 자 다시 한번 상황을 들어 볼게.

"당신은 다리 위에 서 있고, 멀리서 브레이크가 고장 난 기차가 달려오고 있다. 그 기차는 다리 밑을 통과할 것이고, 인부 4명이 기차가 오고 있다는 것을 알지 못한 채 작업을 하고 있다. 별다 른 변수가 없다면 기차는 인부 4명의 목숨을 앗아갈 것이다. 그런데 옆을 보니 덩치가 큰 한 남자가 서 있다. 그 정도 덩치라면 당신이 그 남자를 다리 밑으로 밀어서 떨어뜨렸을 때 기차 를 세울 수 있을 것 같다."

너희는 어떤 선택을 할 것 같아? 이제는 앞선 상황보다 더 머리가 아파질 거고, 고민이 더 깊어질 거야. 똑같이 사람을 살리는 선택을 해야 하는 상황인데 왜 그런 걸까? 아마 너희 머릿속에는 '덩치가 큰 한 남자'를 미는 건 죄 없는 한 사람을 죽이는 선택과 다름없다고 여기기 때문이 아닐까? 다른 사람들의 목숨을 구하는 것, 설사 다수라고 할지라도 누군가를 희생시켜서 많은 사람을 살리는 것은 올바른 선택이 아니라고 느끼고 있는 거지.

그 기저에는 우리 한 사람, 한 사람의 생명과 권리가 모두 소중하다는 사실에 공감하고 있기 때문일 거야. 우리가 '사람다운 사람'이 아니라면, 우리 마음속 깊은 곳에 도덕성과 올바름에 대한 고민이 없다면 가장 '효율적'인 선택을 하겠지. 하지만 우리는 올바름을 늘 마음에 아로새기는 '도덕적인 인간'이기에 괴로워하며 고민하는 과정을 거치게 되는 거야. 그래서 우리는 모두 올바르고 정의로운 선택을 하기 위해 노력해야 한다는 걸 잊지 말고, 우리의 선택이 늘 선한 쪽으로 향할 거라고 명심하면서 행동해야 해.

1. 시험 전날 친구가 단체 채팅방에 1등이 문제를 풀어 감독 선생님 몰래 시험의 정답을 올리자고 제안했어. 칸트 의무론에 더 가까운 선택은?

① 모두가 합격하면 전체가 더 행복해지니 올린다.

② 부정 행위는 도덕적으로 옳지 않으므로 정답을 올리지 않는다.

③ 담임 선생님께 여쭤 보고 허락하시면 정답을 올린다.

④ 공부를 덜한 친구들만 골라서 정답을 보내 준다.

2. 홍수로 대피소 식량이 1끼 분량만 남았어. 공리주의에 더 가까운 선택은?

> - 어른이 먹으면 5명 구조 작업을 할 수 있음
> - 아이가 먹으면 회복하지만 구조 작업은 할 수 없음

① 어른에게 준다 — 먹으면 구조 작업으로 더 많은 사람을 살릴 수 있으니까.

② 아이에게 준다 — 약하니 먼저 회복시켜야 하니까.

③ 둘 다 나눠 준다 — 공평하니까.

④ 다음 식량이 올 때까지 아껴 둔다.

3. 자율주행 자동차가 1명과 5명 중 누구를 살릴지 선택해야 하는 상황이 됐어. 공리주의와 칸트의 의무론 중 하나를 골라 그 이론에 따라 어떤 선택을 해야 하는지 쓰고, 그 선택에 대한 자신의 생각을 덧붙여 보자.

더 알고 싶어 119

📖 도서　▷ 영상　🔍 사이트

📖 『안녕, 인간』 (해나 프라이, 와이즈베리, 2019)

인공지능과 알고리즘이 지배하는 시대에 우리가 놓치고 있는 인간성의 문제를 날카롭게 짚어 내. 기술의 편향과 오류, 개인정보 침해 같은 문제를 드러내서 인간이 주체적으로 기술을 다스릴 방법을 고민하게 하는 책이야.

▷ '세상의 모든 법칙 트롤리 딜레마, 당신의 선택은? (EBS)

이 파트의 내용을 설명하고 있어. 혹시 더 알아보고 싶다면 이 영상을 보는 걸 추천해.

과학기술은
가치중립적일까?

과학기술의 양면성

과학기술은 날이 갈수록 엄청나게 발전하고 있어.
과학기술은 우리 삶의 질을 높여 주기도 하지만 과학기술이 지닌 위험성도 간과할 수 없지.
특정 과학기술이 인류에게 해악을 가져온다면 그때도 과학기술은 바람직한 걸까?

학습 키워드　#과학 #양면성 #가치중립성
교과 연계　중 〉 도덕2 〉 과학기술 시대의 윤리적 쟁점은 무엇일까?

과학기술이 삶에 미치는 영향

　앞으로는 모든 사람이 물질적 풍요 속에서 더 행복하게 살 거라는 서양의 사상가 베이컨의 말처럼 과학기술의 발전은 우리 생활에 많은 편리함을 가져다주었어. 그러나 전쟁에서 많은 사람을 죽음에 이르게 했던 여러 무기 또한 과학기술의 발전 덕분에 만들어진 것들이야. 이렇듯 과학기술은 장단점을 모두 가지고 있어.

　"최근 여러 사건 사고와 재난 현장에서 '드론'이라고 부르는 무인 조종 카메라가 사람들의 눈과 발을 대신하고 있다. 이 장비는 특히 유독 가스가 유출되고 추가 폭발 위험이 있어서 사람이 접근하기 어려운 가스 폭발 현장 같은 곳에서 진가를 발휘한다. 그러나 2013년 미국 뉴욕 도심 한복판에서 건물 사이를 날던 드론이 건물에 부딪혀 중심을 잃고 길가에 추락하는 사고가 일어났다. 만약 드론이 길이 아닌 사람 머리 위에 떨어졌다면 큰 인명 피해로 이어질 뻔한 아찔한 사고였다. 또한 사생활 침해에 관한 우려도 커지고 있다. 드론을 공중에 띄워 올리면 개인 주택 앞마당도 손바닥 보듯 손쉽게 내려다볼 수 있고, 고층 아파트의 거실도 엿볼 수 있기 때문이다.

– KBS 뉴스, 2015년 2월 15일

이 기사만 보더라도 '드론'이라는 과학기술로 만들어진 기계에서 장단점이 모두 나타나고 있다는 걸 알 수 있어. 드론뿐만 아니라 여러 과학기술이 우리 삶에 미치는 영향력이 점점 커지면서 과학기술에 대한 입장과 의견도 윤리적 쟁점으로 떠오르고 있지.

먼저 과학기술은 객관적인 사실에 불과하다는 입장이 있어. 이들에 따르면 과학기술은 단지 객관적 지식의 발견과 활용을 목적으로 하기에 가치중립[1]적이라는 거지. 따라서 과학기술자는 가치 판단의 영역에서 벗어나 자유롭게 연구를 진행해야 하고, 과학기술의 결과에 대한 책임은 과학기술을 실제로 활용하는 사람들의 몫이 된다는 생각이야.

한편 과학기술은 개발자 및 실험자 등의 주관적인 가치가 개입된 것으로 보는 입장도 있어. 과학기술은 특성상 일정한 목적이나 의도가 반영되어 있기에 가치와 연결되어 있다는 의견이지. 과학기술의 발견과 활용 과정, 즉 연구 대상을 선정하고 그 결과가 활용되는 과정에는 개인의 가치관이나 기업의 이익, 사회적 필요, 정치적 목적 등 다양한 가치가 개입될 수밖에 없는 환경이야. 그래서 과학기술에는 윤리적 책임이 수반되어야 한다는 주장이지.

---

1 어떠한 특정 가치관이나 태도에 치우치지 않는 것을 의미해.

오펜하이머와 노벨의 사례

"1942년 미국은 제2차 세계 대전을 하루빨리 끝내기 위해 '맨해튼 계획'을 세우고 원자 폭탄을 개발했다. 이 계획의 책임자는 미국의 이론 물리학자 오펜하이머(Oppenheimer, R., 1904~1967)였다. 그는 살상 무기를 만드는 이 계획이 과연 옳은 일인지 고뇌하는 다른 학자들에게 "원자탄 연구란 얼마나 아름다운 물리학인가? 과학을 연구할 때는 오직 재미만을 추구하라."라고 충고했다. 과학자들은 오직 과학 연구로만 원자탄 연구를 대하면 된다는 충고였다. 그의 말에 따라 연구자들은 원자탄 연구에 매진했고 결국 원자탄이 완성되었다. 1945년 미국은 일본의 히로시마와 나가사키에 원자탄을 투하해 수많은 사상자와 폐허를 남겼다."

– 이필렬 외, 『과학, 우리 시대의 교양』 수정 인용

오펜하이머의 사례를 통해 우리는 과학기술의 가치중립성에 대해 생각해 볼 수 있어. 원자탄 같은 과학기술을 개발하는 것은 오펜하이머와 같은 과학자의 일일 뿐이고, 과학기술을 활용하는 것은 다른 이의 역할이라고 생각한다면 과학기술의 가치중립성에 대한 입장에 동의하는 거야. 결국 그 기술을 좋은 방향이든 안 좋은 방향이든 활용하는 것은 다른 사람의 몫이라는 거지.

그러나 원자탄이 살상 무기로 활용될 가능성을 예측할 수 있었던 점을 들어 과학기술을 개발할 때 그 기술이 세상에 어떤 영향을 끼칠 수 있을지 고려해야 한다고 생각한다면, 과학기술의 가치중립성에 반대하며 윤리적 책임을 강조하는 입장인 거야. 이 입장에서 오펜하이머는 원자탄 기술이 인류를 해칠 살상 무기로 활용될 거라는 걸 충분히 예측할 수 있었기에 그 책임을 피할 수 없다고 정리할 수 있어.

노벨의 다이너마이트도 과학기술의 가치중립성에 대한 찬반 의견에

적용해 볼 수 있어. 이제 너희 차례야. 너희의 생각은 어떠니?

"다이너마이트는 무언가를 터뜨리거나 부술 때 쓰는 폭약으로 스웨덴의 화학자인 알프레드 노벨이 발명했다. 당시에는 폭약이 액체로 되어 있어서 조금만 잘못 다루어도 바로 터져 버려 폭약을 사용하다가 죽는 사람이 많았다. 하지만 노벨이 만든 고체 폭약인 다이너마이트는 아주 안정적이었다. 불붙이는 장치에 불을 붙여야만 터지도록 만들어져 큰 인기를 끌었다. 다이너마이트는 건설 현장, 광산 등 여러 곳에서 매우 유용하게 쓰였지만, 전쟁이 일어나자 사람을 죽이는 무기로 쓰이게 되었다."

– 허정림, 『재미 있는 발명 이야기』

1. 다음 중 노벨의 다이너마이트 발명 사례를 '가치중립적 입장'에서 해석한 것은?

① 다이너마이트는 원래 건설과 광산 작업에 유용했으므로 전쟁에 쓰인 것은 발명가의 책임이 아니다.

② 다이너마이트가 전쟁 무기로 쓰일 위험이 있었으므로 발명가는 발명 단계에서 이를 막을 책임이 있었다.

③ 다이너마이트의 폭발력은 위험하므로 애초에 발명하지 않는 것이 옳았다.

④ 발명가는 다이너마이트의 사용을 직접 관리 감독함으로써 통제했어야 했다.

2. 다음 중 가치중립성에 반대하는 입장에서 이 상황을 가장 잘 설명한 것은?

> 한 엔지니어는 '스마트 수질 정화 장치'를 발명했습니다. 이 장치는 오염된 강과 호수의 물을 깨끗하게 만드는 데 큰 도움이 되어, 여러 나라에서 환경 복원에 활용되었습니다. 그러나 장치의 화학 반응 원리를 조금 변형하면, 강력한 독성 물질을 대량 생산할 수 있다는 사실이 알려졌습니다. 이 기술이 군사적으로 사용될 수 있다는 위험성은 개발 초기에도 일부 전문가들이 경고했지만, 발명가는 '나는 물을 정화하는 기술만 만들었을 뿐'이라고 말하며 개발을 계속했습니다.

① 이 기술은 환경 정화 목적에만 쓰였으므로 군사적 악용은 발명가와 무관하다.

② 발명가는 군사적 악용 가능성을 알았으므로 개발 단계에서 이를 막을 책임이 있었다.

③ 과학기술은 본질적으로 객관적 지식이므로 가치판단은 사용자의 몫이다.

④ 발명가는 자신의 연구가 재미있고 흥미롭다면 계속해야 한다.

더 알고 싶어 119

📖 도서　▷ 영상　🔍 사이트

📖 『열두 발자국』 (정재승, 어크로스, 2018)
뇌과학을 통해 더 나은 선택과 결정을 내리는 법을 탐구하며, 변화하는 시대에 필요한 사고의 방향을 제시한 책이야. 과학적 통찰이 어떻게 삶의 지혜로 발휘될 수 있을까?

▷ [벌거벗은 세계사] 진주만 공습과 미국의 대반격 핵폭탄 (TVN Joy)
맨해튼 프로젝트를 역사적으로 설명하고 있어. 역사적 배경이 이해가 안 되거나 맨해튼 프로젝트에 대해 더 알아보고 싶을 때 한번 시청해 봐.

과학기술에
윤리적 책임이 필요할까?

과학자의 책임, 요나스의 책임 윤리

노벨과 오펜하이머는 자신들이 개발한 과학기술이 인류를 살상하는 데 악용되자
양심의 가책과 죄책감을 느꼈다고 해.

학습 키워드　#과학기술 #과학자 #책임 #요나스 #책임윤리 #과학기술연구윤리
교과 연계　중 > 도덕2 > 과학기술 시대의 윤리적 쟁점은 무엇일까?

과학자의 윤리적 책임

다이너마이트, 원자탄이 사람을 죽이는 데 사용되는 걸 본 과학자들은 자신들의 연구 결과에 대해 어떻게 생각했을까?

노벨은 '다이너마이트'가 사람을 죽이는 데 쓰이는 걸 보고 많은 후회를 했다고 해. 그러면서 다이너마이트를 인류 최악의 발명품이라 칭하기도 했지. 그래서 노벨은 1895년 자신의 유산을 인류 복지에 기여한 사람에게 상을 주는 데 쓰도록 유언으로 남겼어. 이게 그 유명한 '노벨상'이야. 오펜하이머 역시 자신이 설계한 원자폭탄 때문에 무고한 민간인들이 희생된 것을 보고 "끔찍한 무기를 만들었다. 내 손에 피를 묻힌 것 같다."라고 하며 엄청난 죄책감과 양심의 가책을 느꼈다고 해.

노벨과 오펜하이머가 후회하는 모습에서, 과학자가 과학기술을 개

발하는 것으로 자신의 책무를 다한 것이 아니라는 걸 느낄 수 있을 거야. 과학자는 과학기술을 개발할 때부터 자신의 연구 결과가 어떻게 활용될지 예측하고 이에 대비해야 하는 거지. 그래서 과학기술을 개발하거나 활용하는 사람들은 그 기술에 대한 '윤리적 책임'이 있다는 걸 기억해야 해. '과학자 헌장'에서는 과학자의 책임에 대해 이렇게 말하고 있어.

과학에 관하여

① 과학 연구의 건전성 유지, 과학적 지식의 억압과 왜곡에 대한 저항, ② 과학적 성과의 완전한 공표, ③ 인종적·민족적 장벽을 넘어 다른 과학자와 협력할 것, ④ 기초 과학과 응용과학의 균형을 올바르게 고려하여 과학의 발달을 확실하게 할 것

사회에 관하여

① 과학, 특히 자기 자신의 분야가 당면한 경제적·사회적 문제에 관하여 지니는 의미를 연구할 것. 그리고 이런 지식이 광범위하게 이해되고 실행으로 옮겨질 수 있도록 노력할 것. ② 기아 및 질병과 싸우고 모든 나라의 생활과 노동 조건을 평등하게 개선하기 위해 과학을 사용할 새로운 방법을 탐구할 것. 이 경우 궁극적으로 같은 목적을 지닌 모든 조직 및 개인과 협력할 것, ③ 공공 행정의 모든 측면을 연구하고, 과학적 방법이 충분히 사용될 수 있도록 노력하며, 또 이 분야에서 과학의 진보가 갖는 의의를 국민과 정부가 항상 알 수 있도록 할 것.

– 과학자 헌장(세계과학자연맹, 1948.)

요나스의 책임 윤리

독일의 철학자 요나스는 과학기술이 날이 갈수록 발전하는 현시대에 걸맞은 책임 윤리를 새롭게 확립해야 한다고 주장했어. 그는 책임의 범위를 현세대로 한정하는 기존의 전통적 윤리관으로는 과학기술 시대

에 발생할 수 있는 문제를 해결하는 데 한
계가 있다고 생각했지. 과학기술이 환경 파
괴를 불러오는 시대에 자연 및 미래 세대와
의 공존을 고민하지 않으면 결국 같이 멸망
의 길을 걷게 될 수도 있다고 걱정한 거야.
그래서 요나스는 윤리적 책임과 의무의 영
역은 자연 전체 및 미래 세대로까지 확장해
야 한다고 강조했어. 현세대를 소외시키는
것이 아니라 현세대를 포함해 자연 전체,

미래 세대까지 확장해야 한다는 걸 놓쳐서는 안 될 거야.

요나스는 책임의 개념을 두 가지 의미로 구분했어. 하나는 인간이
이미 행위한 것에 대한 책임이고, 다른 하나는 인간이 지속적으로 행위
해야 할 것에 관한 책임이야. 요나스가 강조한 것은 행위해야 할 것에 관
한 책임이었지. 왜냐하면 인간은 과학기술의 발달로 자연을 통째로 파괴
할 수 있는 힘을 가지게 되었기 때문이야. 즉 자연과 미래 세대의 존속이
현세대의 행위에 의존하고 있으므로, 현세대는 인류의 존속을 위해 자
연환경이 수용할 수 있고 미래 세대가 존속할 수 있는 범위에서 행위해
야 할 책임이 있다는 의견이었어. 이는 마치 부모가 신생아에게 가지는
책임처럼 총체적이고 연속적이며 미래 지향적인 책임이라고 할 수 있지.

1. 다음 문장을 읽고 맞으면 ○, 틀리면 X를 해 보자.

> 노벨과 오펜하이머는 자신들이 개발한 과학 기술이 인류에게 많은 희생을 불러왔다는 사실을 알고 후회했어. (　　　)

2. 요나스에게 있어 책임의 범위를 작성한다면?

3. 다음 중 요나스의 책임 윤리에 가장 부합하는 입장은 무엇일까?

> 한 과학자는 '초고속 식품 생산 장치'를 개발하여 전 세계 기아 문제 해결에 큰 기여를 했습니다. 하지만 이 장치는 원리를 변형하면 대량의 유독 물질을 생산할 수 있었고, 실제로 일부 국가가 이를 무기로 사용했습니다. 개발 당시 일부 전문가들이 악용 가능성을 경고했지만, 그는 "나는 기아 해결만을 목표로 했으니 나머지는 내 책임이 아니다."라고 말했습니다.

① 과학자는 자신의 연구가 악용될 가능성이 있더라도, 연구 목적이 선하면 책임에서 자유로워야 한다.
② 과학자는 자신의 기술이 미래 세대와 자연에 미칠 영향까지 고려하며, 안전한 범위에서 행위할 책임이 있다.
③ 과학기술은 가치중립적이므로, 기술의 활용 여부와 책임은 사용자에게만 있다.
④ 과학자의 역할은 개발까지이며, 이후의 활용은 정치·군사 기관의 영역이다.

4. 과학기술을 개발할 때 필요한 책임감에 대한 생각을 써 보자.

더 알고 싶어 119

📖 도서　▷ 영상　🔍 사이트

📖 『나쁜 과학자들』 (비키 오랜스키 위튼스타인, 다른, 2014)
인류의 발전 뒤에 숨겨진 과학의 어두운 이면을 드러내며, 인류를 위한다는 명분 아래 윤리 없이 행해진 실험들이 남긴 상처를 고발해. 진정한 책임 있는 연구란 무엇인지 되돌아보게 하는 이야기야.

▷ 영화 〈코어〉
지구의 핵이 멈춰 멸망 위기에 놓인 인류를 구하기 위해 과학자들과 군인들이 지구 중심으로 향하는 위험한 임무를 수행하게 되는 과학 재난 영화야. 그 과정 속에서 끝까지 희망을 놓지 않는 인간의 용기와 협력을 엿볼 수 있단다.

동물들은 어떻게 지킬 수 있을까?

동물들의 권리를 보호해 줄 수 있는 방법들

동물들은 인간에게 보호받기도 하지만 동물 실험 등으로 피해를 입기도 해.
고통받는 동물이 있다면 인간이 지켜 줘야 하지 않을까?
동물을 도덕적 고려 대상으로 삼는 여러 입장에 대해 알아보자.

학습 키워드　#동물 #싱어 #동물해방론 #레건 #동물권리론
교과 연계　중 〉 도덕1 〉 도덕적 고려의 대상은 어디까지일까?

싱어의 동물 해방론

우리나라에서 많은 사랑을 받고 떠난 판다 '푸바오'를 기억하니? 많은 사람들의 사랑이 없었다면 푸바오는 행복한 판다로 클 수 없었을 거야. 푸바오처럼 너희들 곁에서 사랑받는 반려동물과 달리 동물 실험 등으로 고통받는 동물들도 굉장히 많다고 해. 너희는 실험으로 고통받는 동물을 보고 외면할 수 있겠니? 외면할 수 없다면, 동물도 도덕적 고려의 대상으로 삼자고 주장하는 이들의 입장에 동의하는 거야. 동물들을 지켜 줄 수 있는 동물 중심주의의 윤리학적 입장에 대해 살펴볼게.

'동물 중심주의 윤리'에서 요구하는 공통적인 사항은 공장식 사용 방식을 중단할 것, 동물 학대를 금지할 것, 동물 실험과 식용을 위한 동물 사용을 금지할 것 등이 있어.

　‘동물 해방론’을 주장한 싱어는 이익들에 대한 평등한 고려의 원칙을 일관되게 적용하면서 동물 중심주의 윤리를 주장했지. 싱어가 말하는 이익은 고통을 피하고, 능력을 개발하고, 먹고 자는 기본적인 욕구를 충족시키는 것 등이었어. 피부색이나 성별이 다르다고 해서 사람들의 이익을 다르게 고려해서는 안 되는 것처럼, 어떤 존재가 어떤 동물 집단에 속하느냐에 따라 그 존재의 이익을 다르게 고려해서는 안 된다는 의견이었지. 여기서 이익의 기준은 쾌락과 고통을 느낄 수 있는지 여부와 관련된 ‘쾌고 감수 능력’이야.

　싱어는 쾌고 감수 능력을 지닌 인간 외의 존재를 도덕적 고려 대상에 편입시키려면, 쾌락과 고통을 느낄 수 있는 존재를 인간과 구분하면서 서로 다르게 대우하는 것은 도덕적으로 정당화될 수 없다고 주장했어. 따라서 고통 감수 능력을 지닌 동물은 인간과 동일한 도덕적 지위를 가지게 되기 때문에 우리의 도덕적 고려 범위에 들어온다고 주장했지.

“만약 한 존재가 고통을 느낀다면 그와 같은 고통을 고려의 대상으로 삼길 거부하는 자세를 옹호할 수 있는 도덕적인 논증은 없다. 한 존재의 본성이 어떠하든, 평등의 원리는 그 존재의 고통을 다른 존재의 동일한 고통과 동일하게 취급할 것을 요구한다. 따라서 쾌고 감수 능력은 다른 존재의 이익에 관심을 가질지의 여부를 판가름하는 유일한 경계가 된다.”

– 싱어, 『동물 해방』

　다만 쾌고 감수 능력이 없는 동식물인 경우 도덕적 고려의 대상에 들 수 없다는 점에서 그의 주장에도 한계가 있어.

레건의 동물 권리론

두 번째로 레건의 '동물 권리론'이 있어. 레건은 동물 자신에게 돌아가는 선악이 그 자체로 고려되어 한다고 주장했지. 동물은 삶의 주체로서 도덕적 권리를 지니기 때문에 동물 사육이나 실험은 동물의 목적론적 권리에 어긋나 옳지 않다는 주장이었어.

"인간이 삶의 주체로서 내재적 가치를 지닌 존재라면 생명의 주체로서 동물 역시 내재적인 고유의 가치를 지니고 있다." 그렇다면 동물도 삶의 주체로서 자신의 삶을 영위할 수 있는 능력을 가진 행위자이기에 인간을 위한 수단으로 취급해서는 안 된다는 것이 레건의 동물 권리론의 특징이야.

"삶의 주체(subject of a life)라는 것은 단지 살아 있다는 것, 또는 단지 의식을 갖고 있다는 것 이상을 의미한다. 삶의 주체가 된다는 것은 믿음, 욕구, 지각, 기억, 자신의 미래를 포함해 미래에 관한 의식, 쾌락과 고통 등의 감정을 느낄 수 있다는 것, 즉 선호와 복지에 관한 이익관심, 자기의 욕구와 목표를 위해 행위할 수 있는 능력, 순간순간의 시간을 넘어서 자신의 정체성을 느낄 수 있고, 타자와는 별개로 자신의 삶이 좋을 수도 나쁠 수도 있다는 의미에서 자신의 복지를 갖고 있다는 것이다."

— 레건, 『동물권 옹호』

1. 싱어는 동물해방론에서 이익 평등 고려의 원칙을 주장했어. 여기서 이익이 가리키는 것으로 가장 적절한 것은?

① 동물 감수 능력　　② 윤리 감수 능력　　③ 이익 감수 능력

④ 쾌고 감수 능력　　⑤ 행복 감수 능력

2. 동물 중심주의 윤리에서 공통으로 요구하는 사항은 무엇인가?

3. 레건의 '동물 권리론'에 대한 설명으로 옳지 않은 것은?

① 동물은 삶의 주체로서 내재적 가치를 지닌다.

② 동물 실험은 동물의 목적론적 권리에 어긋난다.

③ 쾌고 감수 능력이 없으면 도덕적 고려 대상이 될 수 없다.

④ 동물은 자신만의 욕구, 목표, 정체성을 가진다.

4. 다음 상황에 대해 싱어의 관점과 레건의 관점에서 어떻게 판단할 수 있을지 비교해 적어 보자.

> 한 제약회사가 신약 개발을 위해 쾌고 감수 능력이 있는 원숭이 실험을 진행하려 한다.

 더 알고 싶어 119

📑 도서　▷ 영상　🔍 사이트

📑 **『아무튼, 비건』 (김한민, 위고, 2018)**

김한민 작가는 한때 평범한 고기 소비자였지만, 공장식 축산의 현실을 마주한 뒤 비건으로 살아가기로 결심했어. 그리고 이 책에서 그 과정을 솔직하게 들려줘. 그는 완벽한 실천보다 '조금 더 비건적으로' 살아가려는 작은 노력이 중요하다고 말하면서, 일상 속에서 동물과 환경의 고통을 줄이는 실천 방법을 제시하고 있어.

▷ **영화 〈옥자〉**

강원도 산골 소녀 미자가 10년 동안 함께 자란 친구이자 가족 같은 슈퍼돼지 옥자를 구하기 위해 거대 기업 '미란도'에 맞서는 이야기야. 인간의 탐욕 속에서 생명과 우정, 그리고 동물의 권리까지 생각해 볼 수 있게 하지.

자연과 함께 살고 싶어

생태 중심주의의 윤리적 입장

삶의 터전인 '자연'이 파괴되며 설 자리를 잃어가는 시대에
인간과 자연이 평화롭게 공존할 수 있을까? 생태계 전체를 도덕적 고려 대상으로 여기는
생태 중심주의의 윤리적 입장을 통해 자연과 인간이 함께 살아갈 수 있는
다양한 방법에 대해 고민해 보자.

학습 키워드 #자연 #생태계 #생태중심주의 #레오폴드 #대지윤리 #네스

교과 연계 초5~6 〉 도덕 〉 환경 위기를 극복하기 위해 어떻게 해야 하는가?
중 〉 도덕1 〉 도덕적 고려의 대상은 어디까지일까?
중 〉 도덕2 〉 자연을 어떻게 바라보며 관계를 맺어야 할까?

인간과 자연의 공존, 생태 중심주의

자연에는 봄에 꽃이 피고, 여름에 바다를 보러 가고, 가을에 거리를 물들이는 은행잎과 단풍잎을 감상하고, 겨울에는 눈사람을 만드는 사계절이 순환하고 있어. 우리가 지금 자연을 지키지 않으면 언젠가 이런 풍경은 사라지고 말 거야. 아름다운 자연을 오래도록 보고 싶다면 우리는 무엇을 해야 할까?

'생태 중심주의' 윤리에서는 인간과 자연이 함께 공존할 수 있는 답변을 제시하고 있어. 생태 중심주의 윤리에서는 '생태계 전체'가 도덕적인 고려 대상이라서 인간은 자연 전체에 대한 직접적인 도덕적 의무를 지니게 된다고 보고 있어. 이는 인간이 자연으로부터 독립된 존재가 아니라 자연의 일부이며, 자연은 도덕적으로 존중받을 가치를 지닌다는 생

각에 기반을 두는 의견이야.

대지 윤리와 심층 생태주의

생태 중심주의의 대표적인 사상가에는 레오폴드와 네스가 있어. 레오폴드는 '대지 윤리'를 주장하면서 인간, 동식물, 토양, 물 등 생물과 무생물 모두를 포함하고 있는 대지도 도덕적 대상으로 확대해서 고려해야 한다고 말했지.

레오폴드가 말하는 대지(땅)는 단순한 토양이 아닌 토양, 식물, 동물의 회로를 거쳐 흐르는 에너지의 원천이야. 도덕의 대상으로서의 생명 공동체는 개별 생명체들이 상호 의존하고 있는 생태계이기 때문에 그는 균형 잡힌 먹이사슬인 생명 공동체의 중요성, 즉 자연의 상호 연관성을 강조하는 거지. 따라서 레오폴드에게 행위의 옳고 그름은 생명 공동체의 온전함, 안정성, 아름다움에 얼마나 기여하느냐에 따라 판단되는 거야. 그는 생태계에 대한 인간의 무분별한 개입에 반대하며, 생태계 내에서의 조화를 강조했어. 레오폴드가 말하는 이상적인 사람, 생태계의 안정과 조화를 위한 인간적인 삶이란 대지와 건강한 관계를 맺는 소규모 자급자족형 농장 생활에서 실현될 수 있어.

네스는 '심층(근본) 생태주의'의 대표적인 사상가야. 인류의 건강과 풍요를 위해 환경 오염과 자원 고갈 등의 문제 해결에만 관심을 가지는 것을 비판하며 등장했지. 심층 생태주의는 세계관과 문화와 생활양식 따위에 대해 근원적인 질문을 던지는 장기적 안목의 급진적인 생태운동이야. 환경 문제를 해결하기 위해서는 세계관과 생활양식 자체를 근본적으로 바꾸어야 한다고 주장하지.

심층 생태주의는 인간을 다른 인간과의 관계 속에서, 그리고 인간

이외의 자연환경과의 관계 속에서 형성되어 가는 존재로 규정하고 인간을 포함한 모든 개체를 '전체적 장 안에 있는 한 관계적 매듭'으로 설명하고 있어. 이러한 상호 의존성, 다양성, 관계 등을 강조하는 관점에서 다음과 같은 핵심 규범이 나왔어.

생태 중심주의의 의의와 한계

이러한 생태 중심주의 윤리는 환경 문제를 해결하기 위해 생태계 전체에 대한 시각을 확장해 주었다는 의의가 있어. 그러나 생태계 전체의 이익을 위한다는 명분으로 개별 생명체를 희생시키는 환경(에코) 파시즘으로 흐를 수 있고, 생태계의 가치를 실현하는 데 인간의 개입을 허용하지 않기 때문에 환경 보존을 위한 구체적 방안을 제시하기 어렵다는 한계도 지니고 있어.

1. 다음 중 레오폴드의 '대지 윤리'에 대한 설명으로 옳지 않은 것은?

   ① 대지를 토양, 식물, 동물, 물 등 생물·무생물을 포함하는 생명 공동체로 본다.

   ② 생명 공동체의 안정성·아름다움에 기여하는 행위를 옳다고 본다.

   ③ 생태계 보존을 위해 인간의 적극적인 개입과 개발을 장려한다.

   ④ 균형 잡힌 먹이사슬과 자연의 상호 연관성을 강조한다.

2. 다음 문장을 읽고 옳으면 O, 틀리면 X를 표시해 보자.

   (1) 심층 생태주의는 환경 문제 해결을 위해 생활양식과 세계관 자체의 근본적인 변화가 필요하다고 본다. (   )

   (2) 레오폴드의 대지 윤리는 개별 생명체보다 전체 생태계의 안정성에 더 가치를 둔다. (   )

   (3) 생태 중심주의에서는 무생물은 도덕적 고려 대상이 될 수 없다고 본다. (   )

3. 생태 중심주의의 의의와 한계를 써 보자.

 **더 알고 싶어 119**　　　　　📖 도서　▷ 영상　🔍 사이트

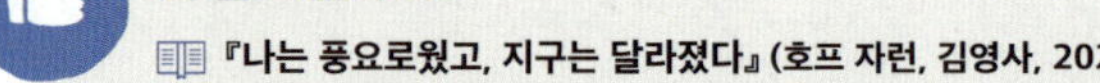

📖 『**나는 풍요로웠고, 지구는 달라졌다**』 (호프 자런, 김영사, 2020)

여성 과학자 호프 자런이 자신의 삶을 바탕으로 지난 50년간 인간의 소비와 풍요가 지구를 어떻게 바꿔 왔는지를 탐구한 책이야. 과학적 사실과 따뜻한 시선을 통해, 더 많이 누리려는 인간의 욕망과 지구의 지속 가능성 사이에서 우리가 어떤 선택을 해야 하는지를 묻고 있어.

▷ **영화 〈월-E〉**

머나먼 미래, 인간이 버리고 떠난 지구에 홀로 남은 청소 로봇 월-E는 매일같이 쓰레기를 치우며 살아가고 있어. 환경 파괴와 소비문명을 풍자하면서도 따뜻한 감성과 사랑의 힘을 전하는 영화야.

뜨거워지는 지구 , 우리도 위험해

기후 위기가 위험한 이유

불과 10여 년 전까지만 해도 우리나라는 뚜렷한 사계절을 즐길 수 있는 나라였어.
그런데 해가 갈수록 봄과 가을이 짧아지고 있어. 바로 지구의 온도가 올라가기 때문이지.
지구의 온도가 올라감에 따라 이상기후 현상에 따른 여러 자연재해도 발생하고 있어.
우리 삶을 위태롭게 하는 기후 위기는 무엇이고 왜 위험한 걸까?

학습 키워드　#기후변화 #기후위기 #이상기후 #지구온난화 #지구가열화

교과 연계　초5~6 〉 도덕 〉 환경 위기를 극복하기 위해 어떻게 해야 하는가?
　　　　　　초5~6 〉 도덕 〉 지속가능한 삶이란 무엇일까?
　　　　　　중 〉 도덕2 〉 자연을 어떻게 바라보며 관계를 맺어야 할까?

기후 변화는 위험해!

　기후 변화란 지구 온난화의 영향으로 강수량 변화, 폭염, 홍수, 가뭄 등이 발생하는 현상을 말해. 요즘에는 '기후 위기'라는 말이 우리 귀에 더 자주 들리는 것 같지 않니?

　기후 위기는 기후 안정성이 붕괴되면서 나타나고 있는 현상이야. 19세기 말 이후 전 세계 해수면은 20cm 이상 상승했어. 이와 같은 극단적인 상황이 지속되면 2100년까지는 1.1m까지 상승할 위험이 있다고 해. 어떤 과학자들은 해수면이 2m까지 상승할 거라 내다보고 있어. 해수면이 상승하는 이유는 지구의 온도가 높아질수록 극지방의 얼음이 더 빠르게 녹아내리기 때문이야.

　그렇다면 기후 변화는 왜 위험할까? 기후 변화로 인해 인류의 생

명이 위태로워지기 때문이야. 우선 열대성 질병이 유행하게 된다고 해. 세계기상기구**WMO, World Meteorological Organization** 보고서에 따르면 기상이변에 의한 사상자 수가 갈수록 증가할 것이라고 무서운 경고를 하고 있어.

이렇게 갈수록 기온이 올라 해수면이 상승하면 농지와 저지대 섬이 전부 바다에 잠겨 사라지고 상수도 물은 염분이 상승해서 이용할 수 없게 될 거야. 또한 거주지가 물에 잠겨 다른 나라로 이주해야 하는 피난민이 급증하고 식량 생산과 물 공급도 더욱 어려워질 거야. 이미 살고 있던 집을 옮겨야 하는 상황도 벌써 발생하기 시작했어.

또 기후가 평균 상태를 벗어나 변화하게 되면 다양한 생물종이 감소하거나 멸종되고, 농토가 사막화되면서 식량 생산량도 감소할 거야. 홍수와 해수면 상승 등으로 환경 난민도 생기겠지. 환경 난민은 가뭄과 사막화뿐만 아니라 해수면 상승이나 홍수, 태풍, 폭설, 한파, 대기 오염 등 다양한 자연재해 때문에 발생하는 난민을 뜻해.

국제이주기구**IOM**는 2009년에 열린 제15차 기후변화협약 총회에서 2050년에는 기후 변화에 따른 자연재해로 최대 10억 명의 난민이 발생할 거라는 보고서를 발표하기도 했어.

미래의 지구를 지키기 위한 행동

기후 위기의 심각성을 인식한 사람들은 2015년 파리 기후 협약(협정)에서 평균 기온의 2℃ 상승은 지구의 회복력 상실을 가져온다고 주장했어. 이제 우리는 지구 평균 기온의 상승을 막을 수 있도록 온힘을 다해 노력해야 하는 상황이 된 거야. 이 한계점**Tipping Point**(티핑 포인트)을 넘는다면 더 이상 지구는 안정된 상태(로세 수준의 기후 안정성)로 복귀하기 어려울 거야. 많은 전문가들은 이 상황을 막지 않으면 인류가 멸종하는 상황까지 올 거라고 경고하고 있지.

만약 현 상황이 지속된다면 2100년에 전 지구의 지표 온도는 6℃까지 증가하고 이런 추세로 지구의 온도가 올라가면 지난 1만 년 동안 한 번도 경험하지 못한 고온의 지구에서 살게 될 거야. 한 번도 경험하지 못한 고온의 지구라니, 무섭지 않니?

스웨덴의 환경운동가 그레타 툰베리는 기후 변화가 너무 걱정된 나머지, 지구의 기후가 이렇게 망가지도록 방치한 어른들에게 책임을 묻기 위해 2018년 8월 학교에 등교하지 않고, '미래를 위한 금요일'이라는 이름의 1인 시위를 하기도 했어. 우리나라에서도 정부에 기후 위기 대응에 대한 책임을 묻는 소송을 하는 사람들이 나타났고, 2024년 4월 23일 헌법재판소에서 공개 변론이 열리기도 했지.

우리는 미래의 지구를 위해 어떤 행동을 할 수 있을까? 이제 우리의 행동이 필요한 시점이야.

1. 다음 중 기후 위기가 위험한 이유로 옳지 않은 것은?

① 열대성 질병이 확산될 수 있다.

② 해수면 상승으로 농지와 저지대 섬이 잠긴다.

③ 평균 기온이 2℃ 이상 상승하면 지구의 회복력이 높아진다.

④ 환경 난민이 증가한다.

2. 다음 문장이 옳으면 O, 틀리면 X를 표시해 보자.

> (1) 해수면 상승의 주된 원인은 극지방의 얼음이 빠르게 녹는 것이며, 2100년까지 최대 2m 상승할 수 있다. (　　　)
>
> (2) 기후 위기는 평균 상태를 벗어난 기후 변화로, 생물종 감소와 농토 사막화를 초래할 수 있다. (　　　)
>
> (3) '파리 기후 협약'은 지구 평균 기온을 최소 4℃까지 올리는 것을 목표로 한다. (　　　)

3. 기후 위기로 발생하는 문제점을 설명해 보자.

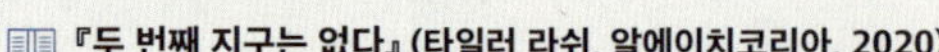

더 알고 싶어 119　　📑도서　▷영상　🔍사이트

📑 『**두 번째 지구는 없다**』(타일러 라쉬, 알에이치코리아, 2020)
'언어 천재' 타일러 라쉬가 전하는 기후 위기 메시지를 담은 책이야. 자연과 단절된 현대 사회를 비판하며, 인간이 자연의 일부임을 잊지 말아야 한다는 성찰을 전하지. 타일러는 우리가 외면해 온 환경의 진실을 짚으며, 지구를 지키기 위한 실천과 의식의 전환을 강조하고 있어.

▷ **영화 〈투모로우〉**
지구 온난화로 인한 기후 변화가 폭발적으로 심화되면서 지구 곳곳이 초대형 폭설과 해일에 휩싸여 인류가 멸망 위기에 처해. 기후학자 잭이 지구의 급격한 빙하기를 예측하고 뉴욕에 갇힌 아들을 구하기 위해 혹한의 북반구로 향하면서 벌어지는 이야기야. 이 영화는 인간이 자연 앞에서 얼마나 무력한 존재인지를 강렬하게 보여 주고 있어.

지구를 위한 마지막 기회, 탄소 중립

탄소 중립의 의미와 실천 방법

지구 온난화를 넘어선 기후 위기, 우리는 기후 위기를 알게 된 첫 번째 세대이자
위험을 막을 수 있는 마지막 세대야. 기후 위기를 막을 수 있는
탄소 중립의 의미와 실천 방법은 무엇일까?

학습 키워드　#기후위기　#탄소중립

교과 연계　초5~6 > 도덕 > 환경 위기를 극복하기 위해 어떻게 해야 하는가?
　　　　　　초5~6 > 도덕 > 지속가능한 삶이란 무엇일까?
　　　　　　중 > 도덕2 > 자연을 어떻게 바라보며 관계를 맺어야 할까?

기후 위기와 탄소 중립

지구가 뜨거워지는 지구 온난화가 빠르게 진행되면서 지구 온도의 상승 폭은 이제 한계치에 다다랐어. 더 이상 온도가 오르면 안 되는 지경인 거지. 우리는 과거에 2100년까지 지구 온도가 지금보다 1.5℃를 넘기지 않도록 목표를 정했어. 그런데 최근 뉴스 기사에 따르면 지금이 바로 1.5℃를 넘기기 직전이라고 해.

기후 위기는 단순히 급변하는 날씨에 적응하는 문제로 끝나는 게 아니야. 기후 위기는 지구상에 다양한 생물이 분포하고 있는지를 나타내는 '생물 다양성'을 훼손할 거고, 생명 다양성의 훼손은 인간의 생존마저 위협할 거야. 인류는 생명의 터전인 지구를 망친 결과 인류의 멸종이라는 엄청난 대가를 치러야 할지도 몰라.

우리를 위해, 자연을 위해, 미래 세대를 위해, 지구를 위해 지금의 기후 위기 상황을 극복해야 해. 우리는 기후 위기를 알게 된 첫 번째 세대이자 이 상황을 막을 수 있는 마지막 세대이기 때문이지. 기후 위기는 어떻게 극복할 수 있을까? 그 방법은 바로 '탄소 중립'이야.

2018년 IPCC**International Panel on Climate Change**에서는 "2100년까지 지구 평균 기온 상승 폭을 1.5℃ 이내로 제한하기 위해 2050년경에는 탄소 중립을 달성해야 한다."는 것을 요지로 〈지구 온난화 1.5℃ 특별 보고서〉를 발간했어. IPCC는 1988년에 유엔(국제연합)이 기후 변화를 연구하기 위해 설립한 기후 변화에 관한 정부 간 협의체를 말해. 유엔이 이 기구를 설립한 이유는 지구 온난화에 따른 기후 변화에 적극적으로 대처하기 위해서야.

탄소 중립이란 탄소를 배출한 만큼 흡수하는 대책을 세워 실질적인 배출량을 0으로 만드는 걸 의미해. 인간 활동에 따른 온실가스 배출을 최대한 줄이고 남은 온실가스는 산림 등을 이용해 흡수하거나 탄소 포집·활용·저장 기술로 제거해서 탄소의 배출량과 탄소 흡수량을 같게 함으로써 탄소의 '순 배출'이 0^{zero}이 되게 만드는 거지. 지구 온도의 1.5℃ 상승을 막으려면 전체 탄소 배출량을 매년 7.6퍼센트씩 줄여 나가야 한다고 해.

탄소 중립을 위한 노력

그렇다면 이러한 탄소 중립은 어떻게 실현할 수 있을까?

먼저 공장과 차량 등에서 화석 연료를 태우는 일은 최대한 줄여야 해. 배출량을 줄였다면 숲과 습지 등 탄소를 흡수할 수 있는 흡수원을 최대한 늘리고, 이산화탄소를 모아서 저장하는 기술을 활용해 대기 중의 이산화탄소를 줄여야 할 거야.

탄소 중립을 실현하려면 화력 발전처럼 많은 탄소를 발생시키는 방식을 줄이고 재생에너지 비율은 늘려야 해. 그래서 'RE100'이라는 말도 생겼어. '재생 에너지^{Renewable Electricity} 100퍼센트'의 줄임말로 기업이 사용하는 전력의 100퍼센트를 재생에너지로 충당하자는 국제 캠페인이야. 탄소 없이 생활할 수 있도록 탈탄소 미래 기술을 개발해야 하고, 재활용 및 재사용을 최대화해 새로운 물건을 생산하거나 소비하지 않도록 재활용 및 재사용 중심으로 순환 경제 체계를 조성해야 하는 거야.

자연의 탄소 흡수 기능도 강화할 필요가 있어. 나무를 많이 심어서 숲을 조성하는 것도 하나의 방법이야. 숲은 기후 조절, 이산화탄소 흡수, 홍수 조절, 야생 동물의 서식처 제공, 원목 생산, 휴양 등 인류의 생존과 생활에 꼭 필요한 조건을 갖춘 곳이기 때문이지. 무엇보다 숲은 탄소 흡수를 도와준다는 점에서 지구 온도를 낮추는 데 큰 역할을 하고 있어.

우리나라도 탄소 중립을 위해 노력하고 있어. 2020년 10월 '2050 탄소 중립'을 선언하고, 2021년 5월 29일 탄소 중립위원회가 출범하면서 감축 목표를 높이는 등 탄소 중립을 위해 힘쓰고 있지.

그렇다면 우리 개인은 어떤 노력을 할 수 있을까? 재활용을 위한 분리배출을 철저히 지키고 음식물 쓰레기를 줄이는 등 일상생활 속에서 탄소 배출을 줄이려는 행동이 필요해. 낭비로 인한 탄소 배출을 막기 위해 무분별한 소비를 줄이는 것도 한 방법이야. 가까운 거리는 걸어 다니기, 대중교통 이용하기, 사용하지 않는 전기 플러그 뽑기 등 일상생활에서 실천할 수 있는 방법들이 아주 많아.

탄소 중립은 이제 더 이상 선택의 문제가 아니라 생존 문제가 되어 버렸어. 우리 모두가 함께 노력해야 지구를 지킬 수 있으니까 2050년까지 탄소 중립의 목표를 이룰 수 있도록 함께 노력해 보자.

1. 2018년 IPCC에서 "2100년까지 지구 평균 기온 상승 폭을 제한해야 한다고 주장했
   어. IPCC에서 말하는 지구 평균 기온 상승 폭의 한계치 온도는?

2. 탄소 중립의 의미로 알맞은 것은 무엇일까?

   ① 모든 활동에서 온실가스를 절대 배출하지 않는 것
   ② 탄소를 배출한 만큼 흡수하거나 제거하여 실질 배출량을 0으로 만드는 것
   ③ 나무 심기와 재활용만으로 모든 탄소 배출을 해결하는 것
   ④ 탄소 배출을 줄이지 않고, 대신 다른 나라에서 흡수하게 하는 것

3. 일상생활 속에서 개인이 탄소 중립을 실천할 수 있는 방법을 써 보자.

더 알고 싶어 119

📖 도서 ▷ 영상 🔍 사이트

📖 『그레타 툰베리의 금요일』(그레타 툰베리 외, 책담, 2019)
학교 대신 국회 앞에서 '기후를 위한 등교 거부'를 시작한 그레타 툰베리의 외침은 전 세계로 번져, 청소
년들이 기후 위기 대응을 촉구하는 '미래를 위한 금요일' 운동으로 확산되었어. 기후 변화 앞에서 침묵하
지 않고 행동으로 나선 한 소녀의 용기와 신념을 뜨겁게 담아 낸 책이야.

▷ 다큐멘터리 〈북극의 눈물〉
지구 온난화로 인해 무너져 가는 북극의 생태와 그 속에서 생존을 이어 가는 이누이트와 북극 동물들의
현실을 담은 다큐멘터리야. 사라져 가는 얼음과 함께 인간이 맞이하게 될 미래를 경고하며, 기후변화의
심각성을 깊이 깨닫게 해 줘.

친환경적인 제품을 디자인해요,
에코 제품 디자이너

'업사이클 디자인^{upcycle design}'이라는 말 들어 봤니? 버려진 천이나 제품들을 재활용해 신발, 액세서리, 가구, 완구, 소품 등을 만드는 일을 뜻해. 갈수록 파괴되는 환경이 조금이나마 숨 쉴 수 있도록 도와주기 위한 노력 중의 하나야. 환경 문제가 이슈로 떠오르면서 친환경 제품을 구매하려는 소비자들이 늘어나고 있어. 업사이클 디자인처럼 이런 소비자의 선택에 도움을 주는 친환경 제품을 디자인하는 사람들이 바로 '에코 제품 디자이너'야.

친환경적인 요소를 고려한 에코 제품 디자이너

일반 제품 디자이너와 에코 제품 디자이너에는 어떤 공통점과 차이점이 있을까? 제품을 디자인한다는 점에서는 같지만, 에코 제품 디자이너는 친환경적인 요소를 고려한 제품 디자인을 선보인다는 게 큰 차이라고 할 수 있어. 이들이 디자인하는 제품들은 미와 기능도 고려하지만, 친환경적인 요소들을 디자인에 특별히 반영한다는 점이 특징이야. 즉 제품이 생산되고 소비자의 손에서 소비되어 폐기되기까지 환경에 악영향을 끼치지 않도록 신경 써서 디자인하는 거지. 에코 제품 디자이너는 소재의 친환경성을 비롯해 소비자가 제품을 사용할 때와 폐기할 때의 친환경성을 중요하게 생각해.

에코 제품 디자이너가 되려면

에코 제품 디자이너는 다른 디자이너와 마찬가지로 디자인과 관련된 공부를 반드시 해야 해. 한편 다른 디자이너와는 다르게, 환경에 대한 공부가 더해져야 조금 더 나은 에코 제품을 만들 수 있을 거야. 에코 제품 디자인과 관련된 분야는 최근 환경 파괴가 심각한 만큼 전망이 아주 좋은 편이야.

환경에 대한 문제가 사회적 이슈인 만큼 에코 제품 디자인에 대한 필요성이 꾸준히 제기되면서 제품에 친환경적 메시지를 담는 에코 제품 디자이너의 역할이 중요해지고 있기 때문이야. 최근에는 대기업이나 디자인 전문 업체에서 외부 에코 제품 디자이너와 콜라보레이션의 형태로 제품을 디자인한다고 해. 갈수록 친환경 제품의 영역이 더 확장될 거라 예상한다면 에코 제품 디자인에 대한 수요도 더 증가한다고 예측해 볼 수 있겠지.

너희가 디자인에 대한 관심이 많으면서, 환경에 대한 관심도 크다면 우리의 터전인 지구가 더 행복한 곳이 될 수 있도록 에코 제품 디자이너라는 꿈을 꿔 보는 건 어떨까?

다른 직업은 어떤 것들이 있을까?

신소재 연구원은 새로운 재료를 개발하고 기존 소재의 성능을 개선하는 일을 하는 과학자야. 주로 화학·재료·신소재공학 등 관련 분야의 지식과 연구 역량을 갖추고 있어야 하지. 이 중에서 친환경 소재를 연구한다면 환경에 미치는 영향을 최소화하는 방향으로 연구를 진행할 수 있어.

예를 들어 바이오 플라스틱, 천연 섬유, 재활용 가능한 금속이나 대체 원료 등을 개발해서 제품 생산 과정에서의 탄소 배출과 폐기물을 줄이는 역할을 할 수 있지. 다시 말해 신소재 연구원 중에서도 지속가능성과 환경 친화성을 핵심 가치로 삼는 분야의 전문가라고 할 수 있어.

1일차

1. ②

2. ②

3. 열려 있는

4. **답안 예시** 만약 인간이 이성을 갖고 있지 않았다면, 사람들은 먹고 싶을 때마다 아무 때나 음식을 먹고, 하고 싶은 대로 행동했을 것이다. 그래서 규칙도 없고 질서도 없는 사회가 되었을 것이다. 서로를 배려하지 않아서 자주 다투고 위험한 일도 많아졌을 것이라 예상한다. 학교도 세워지지 않고 글자를 배우거나 책을 읽을 수도 없었을 거고, 사람들은 함께 살기 힘들어져서 혼자서만 살아야 했을 것 같다.

02일차

1. ②

2. 성무선악설

3. **답안 예시** 지갑을 주워 경찰서에 갖다 준다 → 맹자의 성선설과 가깝다.

03일차

1. ①

2. **답안 예시** 사람이 진정한 사람이 되고, 진짜 사람답게 살기 위해서는 도덕적으로 올바른 행동을 실천하기 위해 노력해야 한다고 생각한다.

3. 인이란 사람을 사랑하는 마음이다.

04일차

2. **답안 예시** 양심은 내가 올바른 행동을 할 수 있도록 알려 주는 마음속의 올바른 소리이자 내면의 재판관이다. 양심이 있기에 내가 잘못된 행동을 했을 때 양심의 가책을 느끼게 되고, 양심의 가책을 느끼게 되면 이후에는 이러한 행동을 하지 않도록 노력할 것이기 때문이다.

3. ④

4. 도덕

5. **답안 예시** 무인 가게에서 스스로 계산하는 행동은 다른 사람이 보지 않아도 내면의 법정인 양심에 따라 옳은 일을 실천하는 모습이기에 도덕적 의무를 실천하는 것이다.

5일차

1. ⑤

2. ㉠ 다수, ㉡ 행복

3. **답안 예시1:** 거짓말은 타인을 속이는 행동이다. 타인을 속이거나 기만하는 행동은 도덕적으로 옳지 않기 때문에 거짓말은 어떠한 경우에도 허용될 수 없다.
답안 예시2: 타인을 살리기 위한 혹은 타인을 돕기 위한 거짓말은 허용된다. 벤담과 밀의 공리주의에 따르면 선의의 거짓말은 다른 사람들의 유용성을 증대시킬 수 있기 때문이다.

6일차

1. ③

2. 선비

3. **답안 예시** 하고 싶은 일: 놀이공원에 몰래 들어가 하루 종일 공짜로 즐기고 싶다. 도덕적으로 해야 할 일: 정식으로 표를 사고, 규칙을 지켜서 놀이공원을 이용한다. 이유: 규칙을 어기면 다른 사람들이 손해를 보고 사회 전체의 신뢰가 무너질 수 있기 때문이다.

07일차

1. ㉠ 지, ㉡ 행

2. ②

3. ②

08일차

1. ⑤

2. ㉠ 도덕 원리, ㉡ 사실 판단 ㉢ 개별적인

3. ②

4. **답안 예시** 쓰레기를 함부로 버리는 것은 옳지 않다.

9일차

1. ②

2. ④

3. ㉠ 생각, ㉡ 존재

4. 신독

10일차

1. ③

2. 화성기위

3. ③

4. **답안 예시** 내가 생각하는 좋은 공부는 성적을 올리기 위해 무조건 외우는 공부가 아니라, 나 자신을 바르게 만들고 다른 사람에게도 도움이 되는 공부이다. 단순히 점수만을 위한 공부는 시험이 끝나면 금방 잊

어 버리지만, 올바른 공부는 내 마음과 행동을 바꾸어 평생 도움이 된다.

오늘 배운 여러 가르침 중에서 나는 이황의 '경' 공부를 실천해 보고 싶다. 항상 마음을 경계하고 깨어 있는 상태로 하루를 살피면, 작은 잘못도 바로잡을 수 있을 것 같다. 아침에 일어나서 어제 내가 한 행동을 되돌아보고, 오늘은 어떻게 더 성실하고 바르게 살아야 할지 생각하는 습관을 들이면 좋겠다. 이렇게 하면 공부가 단순히 머리로만 하는 것이 아니라, 마음과 행동이 함께 자라는 과정이 될 것이라 믿는다.

11일차
1. 의(義), 도덕적 실천
2. (가)-(D), (나)-(A), (다)-(B), (라)-(C)
3. **답안 예시** 플라톤은 인간의 영혼이 이성, 기개, 욕망으로 구성되어 있다고 보았다. 즉 이성을 통해 기개와 욕망을 지배하고 조절해야 한다고 주장했다. 마차가 본래의 목적지로 가기 위해서는 마부가 말을 잘 다루어야 하듯이 비이성적인 요소인 기개와 욕망을 이성을 통해 잘 조절하는 이성적 인간을 이상적 인간이라고 생각했다.
4. **답안 예시** 내가 생각했을 때 이상적 인간의 모습은 우선 학문을 갈고닦아 학문의 경지에 이른 사람이라고 생각한다. 단, 여기에서 말하는 학문은 옳음을 추구하는 학문이면 좋겠다. 또한 이러한 학문의 경지에 이르렀다고 해서 책상에만 앉아 있는 사람이 아니라 이를 행동으로 실천하는 적극적인 사람이 이상적 인간의 모습이라고 여겨진다.

12일차
1. (1) 노자, (2) 플라톤, (3) 스토아 학파
2. ① 덕의 모험가→A. 아리스토텔레스, ② 사랑의 수호자→C. 아우구스티누스, ③ 자비의 천사→B. 석가모니
3. **답안 예시** 행복에 대한 철학자들의 이야기를 읽고 행복은 단순히 용돈을 많이 받고, 맛있는 음식을 배부르게 먹는 것을 넘어 '내면의 평화'가 더 중요하다는 것을 깨달았다. 그래서 내가 행복했던 순간 3가지는 가족들이 나에게 사랑한다고 말해 줄 때, 몰랐던 수학 문제를 풀고 깨달음을 얻었을 때, 친구와 즐겁게 꿈에 대한 이야기를 나눴을 때라고 할 수 있다.

13일차
1. X, O, O
2. (가)-(B), (나)-(D), (다)-(E), (라)-(C), (마)-(A)
3. **답안 예시** 자연 안에서 일어나는 모든 일은 이미 신에 의해 운명 지어져 있다. 왜냐하면 자신의 몸이나 소유물, 지위 등 외적 조건 등은 주어진 것에 불과하기에 바꿀 수도 없고 바꿀 필요도 없다. 우리가 바꿀 수 있는 것은 단지 생각, 충동, 욕구, 감정 등 마음과 관련된 것이기에 자신에게 주어진 상황과 조건을 변화시키기보다는 그것을 자신의 운명으로 받아들임으로써 부동심에 이를 수 있다. 이러한 부동심을 유지하는 삶, 이성에 따르는 삶을 살아갈 때 마음은 안정되고 평온해진다.

14일차
1. ②
2. ②
3. 오늘/내일
4. **답안 예시** 나는 하이데거의 말처럼 언젠가 죽는다는 사실을 기억하는 것이 중요하다고 생각한다. 죽음을 외면하지 않고 오늘 하루를 소중히 여길 때, 내 삶은 더 의미 있고 가치 있는 시간이 될 수 있다.

15일차
1. ③
2. (1) 1393, (2) **답안 예시** 곁에 있어 주기, 믿을 만한 어른에게 알리기 등
4. **답안 예시** 산책하기, 음악 듣기, 그림 그리기, 일기 쓰기

16일차
1. 친밀감+열정+헌신
2. ③
3. **답안 예시** 사랑이란 대상을 아끼고 소중히 여기거나 즐기는 마음이라고 생각한다. 상대를 진정으로 사랑하는 사람은 상대의 입장에서 자신이 할 수 있는 일을 고민하고 실천할 수 있다.

17일차
1. 성적 자기 결정권
2. ④
3. ②
4. **답안 예시** 『향연』에서 말하는 플라톤의 사랑이란 불완전함을 채워 줄 수 있는 반쪽과 만나 맺어지는 인연이다. 우리는 반쪽을 만나 좋은 사람이 되고, 온전한 존재가 되어야 한다. 또한 쉽게 변하거나 사라지지 않는 영원할 수 있는 관계가 되어야 한다. 플라톤이 말하는 온전하게 만들어 주는 관계란 플라토닉 러브라고 불리는 정신적인 교류에 가까운 것 같다.

18일차
1. ④
2. ②
3. **답안 예시** 부부간에는 서로 동등한 존재임을 인식하고 서로 존중하고 협력해야 한다. 그리고 서로 간의 믿음과 의리를 지키는 것도 중요하다.

4. 답안 예시 내가 꿈꾸는 결혼은 서로 아끼고 존중하는 결혼이다. 결혼은 두 사람이 사랑으로 하나가 되어 평생 친구처럼 함께 살아가는 것이라고 생각한다. 서로 힘들 때 도와주고, 기쁠 때 함께 웃으며, 서로에게 믿음과 따뜻한 마음을 주는 부부가 되고 싶다. 서로의 의견을 존중하고, 싸우더라도 금방 화해하면서 서로를 이해하는 행복한 가정을 만들고 싶다.
그래서 나는 서로 사랑하고 배려하는 마음으로 평생을 함께할 수 있는 결혼을 하고 싶다.

19일차

1. ③
2. ①
3. O
4. 답안 예시 부모는 자녀에게 아낌없는 사랑인 '자애'를 베풀어야 하고, 자녀 또한 부모의 사랑에 보답하여 '효'를 실천해야 한다. 형제자매 간에도 서로 사랑하고 화목하게 지내는 '우애'를 실현하기 위해 노력해야 한다.

20일차

1. ②
2. (가)-(B), (나)-(A)
3. X
4. 답안 예시 안녕, ○○야. 우리가 처음 만난 게 벌써 몇 년 전이라는 게 믿기지 않아. 그동안 좋은 일도, 힘든 일도 있었지만 네가 항상 내 옆에서 웃어 주고 힘이 되어 줘서 고마웠어. 시험을 망쳐 속상할 때도, 작은 일로 웃음이 터졌을 때도 네가 함께 있어서 더 소중한 추억이 된 것 같아. 앞으로도 서로를 믿고 의지하며 좋은 친구로 오래 지냈으면 좋겠다. 네가 있어 나는 참 행운아야.

21일차

1. 두레
2. ③
3. ②
4. 답안 예시 이웃은 같은 동네에 사는 사람들뿐만 아니라 직접적, 간접적으로 서로 교류하면서 더불어 사는 사람들이다. 이웃은 지역 사회를 넘어 국가, 세계, 인터넷과 같은 가상공간에 이르기까지 범위가 굉장히 넓어졌다. 그리고 내 이웃은 옆집에 사는 사람도 있지만 SNS 친구도 있다고 생각한다.

22일차

1. ②
2. ②
3. ②

4. 답안 예시 배려는 우리가 다른 사람과 함께 살아가는 데 꼭 필요한 마음가짐이라고 생각한다. 세상에는 나와 생각, 생활 방식, 형편이 다른 사람들이 많기 때문에 서로를 이해하고 존중하지 않으면 갈등이 생길 수 있다. 배려는 상대방의 처지와 감정을 먼저 헤아려서 불편함을 줄이고, 더 좋은 관계를 만들 수 있도록 돕는다. 또한 배려를 받은 사람은 다시 다른 사람을 배려하게 되어 공동체 전체가 따뜻해지고 안전해진다. 그래서 배려는 나와 타인 모두를 행복하게 만드는 중요한 덕목이라고 생각한다.

23일차

1. 양성평등기본법
2. ②
3. ②
4. 답안 예시 보부아르가 '여성은 태어나는 것이 아니라 만들어지는 것이다.'라고 말한 것처럼 성 역할은 태생적으로 부여된 것이 아니라 사회에서 형성되는 것이라고 생각했다. 기존에는 남성과 여성의 구분이 당연하다고 생각했었는데 보부아르를 포함한 다양한 견해를 읽으며, 내게도 편견이 있다는 사실을 깨달았다. 개인적으로 나는 남성과 여성은 생물학적 차이만 있을 뿐 인간으로서는 모두 동등한 존재라고 생각한다.

24일차

1. 부작위에 의한 폭력, 해야 할 행동(보호와 관심)을 하지 않았기 때문에
2. ②
3. ①
4. 답안 예시 좁은 의미의 폭력은 다른 사람의 신체나 재산에 해를 가해 자신의 의도와 목적을 이루는 행위를 말한다. 예를 들어 폭행, 협박, 금품 갈취 등이 이에 해당한다. 반면 넓은 의미의 폭력은 이러한 신체적 피해뿐 아니라 다른 사람의 자유롭고 평화로운 생활을 방해하는 모든 행위를 포함한다. 예를 들어 차별, 억압, 사회 구조로 인한 빈곤과 같은 간접적 피해도 넓은 의미의 폭력에 속한다.
나는 어떠한 경우라도 폭력은 가능한 한 허용되어서는 안 된다고 생각한다. 폭력은 사람의 신체와 마음에 상처를 남기고, 사회적 신뢰와 평화를 해치기 때문이다. 다만 부당한 폭력으로부터 자신이나 타인을 지키기 위한 최소한의 방어적 행동은 예외적으로 인정될 수 있다고 본다. 따라서 사회는 폭력을 예방하고 갈등을 평화적으로 해결할 수 있는 방법을 마련해야 한다고 생각한다.

25일차

1. ②

2. ①

3. 답안 예시 인간다운 삶을 영위할 수 있는 상태로, 간
접적 또는 구조적 폭력 및 문화적 폭력까지 없는 상
태다. 이러한 적극적 평화는 폭력의 악순환이 발생할
수 있기에 폭력적 수단으로는 절대 달성할 수 없다는
특징이 있다. 오직 평화적(비폭력적) 수단에 의해서
만 성취해야 한다.

26일차

1. ①

2. ①, ②, ④

3. X (포퍼는 오히려 지속적인 비판과 토론을 통해 정책
오류를 발견·개선해야 발전한다고 봄)

4. 답안 예시 이상적인 의사소통을 하려면 먼저 다른 사
람의 말을 끝까지 주의 깊게 들어야 한다. 말의 내용
뿐 아니라 그 사람이 어떤 기분인지도 함께 생각하
며 들어야 한다. 의견이 다를 때는 화내지 않고 차분
하게 이유를 설명하며 대화해야 한다. 하버마스가 말
한 것처럼 누구나 자유롭게 대화에 참여할 수 있어야
하며, 서로를 배제하지 않는 태도가 필요하다. 내가
틀릴 수도 있다는 마음을 가지고, 좋은 의견이 나오
면 기꺼이 받아들일 줄 알아야 한다. 거짓말을 하지
않고 사실대로 말하는 것도 중요하다. 이렇게 서로를
존중하며 이야기할 때 더 좋은 대화가 이루어진다.

27일차

1. 미디어 리터러시

2. 답안 예시 출처가 개인적 경험에 불과하고 과학적 근
거가 없으므로 사실 여부를 객관적 자료로 검증해야
한다.

3. ④

28일차

1. ④

2. ①

3. 답안 예시 첫째, 모든 사람을 존중하는 인간 존중의
원칙이 있다. 둘째, 자신이 한 행동에 대해 책임을 지
는 책임의 원칙이 있다. 이는 예상적 책임과 소급적
책임 모두 해당된다. 셋째, 정의의 원칙은 정보의 진
실성, 비편향성, 완전성이 특징으로 누구에게나 공정
한 표현을 추구하는 것이다. 특히 타인의 기본적 자
유와 권리를 침해해서는 안 된다. 넷째, 해악 금지의
원칙은 타인에게 피해를 주지 않는 것, 타인의 복지
를 증진시키는 방향으로 행동하는 것이다.

29일차

1. ②

2. 개인정보 자기 결정권

3. ③

4. 답안 예시 알 권리에 동의한다. 범죄자의 범죄 기록, 정
치인 후보자들의 과거 행적 기록은 공공의 이익을 위
해 국민들이 꼭 알아야 할 정보이기에 삭제해서는 안
된다.
잊힐 권리에 동의한다. 왜냐하면 개인의 사생활에 관
한 정보는 개인의 인격 보호와 관련된 문제이기 때문
이다. 만약 국민의 알 권리 충족을 위해 개인정보가
무분별하게 공개된다면, 인간의 존엄성을 훼손할 수
있다.

30일차

1. ②

2. 토머스 모어의 유토피아

3. 답안 예시 내가 생각하는 이상 사회는 모든 사람이
서로를 존중하고, 차별 없이 행복하게 살아가는 곳이
다. 길거리에서는 낯선 사람끼리도 웃으며 인사를 나
누고, 어려운 일이 있으면 서로 먼저 도와주는 분위
기가 있다. 학교에서는 친구들이 서로 경쟁하기보다
함께 공부하고, 의견이 다를 때도 화내지 않고 차분
히 대화로 풀어 간다. 동네마다 공원이 많아 아이들
이 안전하게 뛰어놀 수 있고, 어른들은 환경을 지키
기 위해 쓰레기를 줄이며 나무를 심는다. 돈이 많든
적든 모두가 좋은 집에서 살고, 필요한 교육과 치료
를 받을 수 있는 사회가 바로 내가 꿈꾸는 이상 사회
다.

31일차

1. (1) 루소, (2) 홉스 , (3) 로크

2. ②

3. ①

4. 답안 예시 홉스, 로크, 루소의 사회계약설은 국가가
자연적으로 생겨난 것이 아닌 구성원들의 합의와 계
약에 의해 이루어졌다고 본다. 이들은 공통적으로 국
가를 개인의 자유와 권리 등을 보장받기 위한 수단으
로 인식했다는 특징이 있다.

32일차

1. ②

2. O

3. ②

4. 답안 예시 : ① 인간 본성적 관점: 사람은 혼자 사는
것보다 국가의 테두리 안에서 살아갈 때 더 행복을 실
현할 수 있다. 국가는 자아실현과 도덕적 능력 계발 같
은 최선의 삶을 가능하게 한다. 그래서 인간 본성적 관
점에서는 국가가 사람들의 삶의 궁극적 목적인 행복을
실현할 수 있게 해 주기 때문에 국가의 권위가 정당하
다고 본다.

② 동의론적 관점: 사회계약설에 따르면, 정치적 의무
는 국가와 시민 사이의 상호 계약과 동의를 통해 부여
된다. 국가는 개인의 권리 보호와 공동선의 실현 같은
역할을 수행하며, 시민은 이에 자발적으로 동의해 국
가의 명령에 복종하기로 약속한다. 그래서 동의론적
관점에서는 시민이 동의한 약속에 따라 국가의 권위
가 정당하다고 본다.

③ 혜택론적 관점: 국가는 시민에게 치안, 국방, 고속
도로 같은 공공재와 법률, 관행 등을 제공한다. 이러
한 혜택을 받는 시민은 국가가 존속할 수 있도록 법을
지키고 의무를 이행해야 한다. 그래서 혜택론적 관점
에서는 국가로부터 이득과 혜택을 받는 만큼 국가의
권위를 인정하고 따르는 것이 정당하다고 본다.

33일차

1. ③, ④

2. ③

3. X, O

4. **답안 예시** 대의 민주주의는 국민들이 대표자를 선출
해 정책 문제를 해결하는 민주주의로 정치적 대리인
인 대표자를 선출하여 정치권력을 위임하는 정치 형
태이다. 참여 민주주의는 공청회, 시민 단체 활동 등
을 통해 다수의 시민이 의사 결정 과정에 자발적으로
참여하는 정치 형태이다. 심의 민주주의는 토론, 의사소
통을 통해 시민이 직접 공적 심의 과정에 참여해 정
책을 결정하는 형태의 민주주의다.

34일차

1. ②

2. ③

3. ②

4. **답안 예시** 맹자의 왕도정치는 이익을 수단으로 삼고
도의를 궁극의 목적으로 삼는 정치, 덕을 바탕으로 인
을 실천하는 것이다. 왕도정치는 백성들에 대한 도덕
적 교화(인륜교육)를 통해 행해지는 정치로 민의를
존중한다는 특징이 있으며, 백성이 근본이라는 민본
사상(民本主義)과 연결된다. 또한 맹자는 안정된 생업
인 항산과 도덕적 마음인 항심의 조화를 중점에 둔다.

35일차

1. ②

2. O

3. **답안 예시** 소극적 자유는 외부로부터 간섭이나 방해
가 없는 상태로 '~(으)로부터의 자유'이다. 소극적 자
유는 무엇보다 개인의 자유와 선택권을 강조한다. 적
극적 자유는 자신의 선택과 결정에 따라 목적을 설정
하고 그것을 실현하고자 노력하는 상태이다. 개인이
자신의 주인으로서 자기 목적을 실현시킬 수 있는 능

력을 의미하며 '~(을)를 향한 자유'로도 불린다. 이는
우리의 가능성을 완전하게 실현하기 위해 때로 국가
의 도움과 안내가 필요하다는 것을 적극적으로 고려
하는 견해에서 나오는 자유이기도 하다.

나에게 가장 중요한 가치는 '자유'다. 나의 자유는 그
누구도 간섭할 수 없기에 개인의 선택권을 중시하는
'소극적' 자유의 입장이 옳다고 생각한다. 밀의 주장
처럼 타인에게 피해를 주지 않는다면 나는 나의 자유
를 온전히 누려야 한다.

36일차

1. 최소국가

2. ③

3. **답안 예시** (롤스 관점) 세금을 조금 내더라도, 어려움
을 겪는 학생들이 더 나은 교육을 받을 수 있도록 돕
는 것은 공정하다. 모든 학생이 동등하게 배움의 기
회를 가질 수 있도록 지원하는 것이 정의로운 사회를
만드는 방법이다.

(노직 관점) 누군가를 돕는 일은 강제가 아니라 자발
적으로 해야 한다. 다른 학생을 돕기 위해 내 돈을 세
금으로 강제로 걷는 것은 정당하지 않으며, 각자의
재산은 스스로 선택해 사용하는 것이 옳다.

37일차

1. ②

2. ③

3. **답안 예시** (칸트 관점, 찬성) 흉악범이 타인의 생명을
빼앗아 인간의 존엄성을 훼손했다면, 그에 상응하는
형벌로 사형을 집행하는 것이 정의롭다. 범죄의 경중
에 따라 동일한 비율로 처벌하는 것은 법 앞의 평등을
실현하는 것이며, 피해자의 권리를 존중하는 길이다.

(베카리아 관점, 반대) 사형은 돌이킬 수 없는 형벌로
오판의 가능성과 인권 침해 위험이 크다. 종신형과
강제 노역이 범죄자에게 더 큰 고통과 교정의 기회를
주며 사회 안전을 지키는 데도 충분하다. 따라서 인
간의 생명을 박탈하는 사형보다 다른 형벌이 더 바람
직하다.

38일차

1. ①, ②, ③, ④

2. ②

3. X

4. **답안 예시** 소크라테스는 법을 지키는 것이 국가와의
약속을 지키는 것이며, 사회의 질서와 정의를 지키는
길이라고 생각했다. 그래서 병역법이 마음에 들지 않
더라도, 군 복무를 거부하는 것은 국가의 질서를 해
치는 일이라며 반대했을 것이다. 소로는 부당한 법을
강요하는 국가는 거부할 수 있으며, 개인의 양심이

그러한 거부의 이유가 될 수 있다고 보았다. 그래서 전쟁이나 군사 활동이 옳지 않다고 믿는다면, 처벌을 감수하더라도 군 복무를 거부하는 것이 정당하다고 주장할 것이다.

39일차

1. ①
2. 인권 감수성
3. ①
4. **답안 예시** "제30조 이 선언에서 말한 어떤 권리와 자유도 다른 사람의 권리와 자유를 짓밟기 위해 사용될 수 없다. 누구에게도 남의 권리를 파괴할 목적으로 자기 권리를 사용할 권리는 없다."가 인상 깊다. 왜냐하면 자신의 권리와 타인의 권리를 모두 강조하고 이를 존중해야 한다고 말하는 점이 인권의 본질을 설명하고 있다고 생각했기 때문이다.

40일차

1. ②, ④
2. 대항 표현
3. (가), (다)
4. **답안 예시** 혐오 표현이 문제가 되는 이유는 소수자, 사회적 약자에 대한 차별이 강화 및 조장되기 때문이다. 차별이 심해지면 혐오 표현의 대상이 된 소수자, 사회적 약자는 공포, 모욕감, 긴장, 자신감·자부심 상실 등과 같은 극심한 '정신적 고통', 다시 말해 마음에 상처를 입게 될 것이다.

41일차

1. ②
2. 다문화 감수성, 문화 다양성 감수성
3. ②
4. **답안 예시** 명예 살인은 문화로서 존중할 수 없다. 왜냐하면 명예 살인은 다른 사람을 죽이는 행동이기 때문에 인간의 가장 중요한 인권인 '생명권'을 침해하는 것이다. 모든 문화를 존중하는 것이 바람직하다 해도 인권과 인간 존엄성을 침해하는 문화는 존중할 수 없다.

42일차

1. ③
2. ②
3. **답안 예시** 싱어는 빈곤과 기아로 고통받는 사람을 돕는 것은 국경과 관계없이 모두의 의무라고 보고, 해외 원조를 적극 실천해야 한다고 주장한다. 롤스는 불합리한 제도나 사회 구조를 가진 나라는 스스로 개선하도록 돕는 원조가 필요하지만, 질서 정연한 사회라면 가난하더라도 원조할 의무는 없다고 본다. 노직은 재산 사용은 전적으로 개인의 자유이며, 해외 원조를 강제로 요구할 수 없고 자발적으로 할 때만 의미가 있다고 본다.

43일차

1. ⑤
2. ③
3. 묵자
4. **답안 예시** 묵자: 겸애 사상에 따라 다른 나라 사람도 우리와 똑같이 사랑하고 도와야 한다. / 칸트: 환대권에 따라 다른 나라 사람을 적으로 여기지 않고, 평화롭게 받아들여 존중해야 한다.

44일차

1. ②
2. ①
3. **답안 예시** 공리주의: 더 많은 사람을 살리기 위해 1명을 희생시키고 5명을 구한다. → 나는 사람 수를 기준으로 판단하는 것이 불편할 수 있지만, 전체 안전을 위해 필요할 수 있다고 생각한다.
칸트 의무론: 사람을 단순히 수단으로 대하지 말아야 하므로, 무고한 1명을 희생시키는 선택은 하지 않는다. → 나는 결과보다 '누구도 함부로 희생시켜서는 안 된다.'는 생각이 더 옳다고 본다.

45일차

1. ①
2. ②

46일차

1. ○
2. 현세대, 자연 전체, 미래 세대
3. ②
4. **답안 예시** 과학기술을 개발할 때는 먼저 그것이 사람들에게 도움이 되는지 생각해야 한다. 아무리 편리한 물건이라도 잘못 사용되면 큰 사고로 이어질 수 있으므로, 만드는 사람은 안전하게 사용할 수 있는 방법을 함께 마련해야 한다. 또한 훗날 나쁜 목적으로 쓰이지 않도록 주의하고, 다른 사람들의 생활이나 환경을 해치지 않게 해야 한다. 그래야 과학기술이 모두에게 좋은 결과를 가져올 수 있다고 생각한다.

47일차

1. ④
2. 공장식 사용 방식을 중단할 것, 동물 학대를 금지할 것, 동물 실험과 식용을 위한 동물 사용을 금지할 것
3. ③
4. **답안 예시** 싱어의 관점에서는 원숭이가 고통을 느낄 수 있는 존재이므로 그 고통은 인간의 동일한 고통과

똑같이 고려해야 하며, 인간의 이익이 동물의 고통보다 크다고 단정할 수 없으므로 실험은 정당화되기 어렵다. 레건의 관점에서는 원숭이는 삶의 주체로서 내재적 가치를 지닌 존재이므로, 단순히 인간의 목적을 위해 희생시키는 것은 옳지 않으며 실험은 중단되어야 한다.

48일차

1. ③

2. (1) O, (2) O, (3) X

3. 답안 예시 생태 중심주의 윤리는 환경 문제를 해결하기 위해 생태계 전체에 대한 시각을 확장시켜 주었다는 의의를 지닌다. 그러나 생태계 전체의 이익을 위한다는 명분으로 개별 생명체를 희생시키는 환경 파시즘으로 흐를 수 있으며, 생태계의 가치를 실현하는 데 인간의 개입을 허용하지 않기 때문에 환경 보존을 위한 구체적 방안을 제시하기 어렵다는 한계를 지니고 있다.

49일차

1. ③

2. (1) O, (2) O, (3) X

3. 답안 예시 기후 위기로 인해 기후가 평균 상태에서 벗어나게 되면 다양한 생물종의 감소와 멸종, 농토의 사막화 및 그에 따른 식량 생산량 감소, 홍수와 해수면 상승 등으로 환경 난민의 발생 등을 초래하는 문제를 가져온다.

50일차

1. 1.5℃

2. ②

3. 답안 예시 엘리베이터 대신 계단 이용하기, 가까운 거리는 걸어 다니기, 대중교통 이용하기, 사용하지 않는 전기 플러그 뽑기, 덜 소비하기, 고기 덜 먹기, 음식 남기지 않기 등이 있다.